초등학생의 지혜와 사고력을 높여주는

달려라
퀴즈챔피언

편집부 엮음

태 을 출 판 사

머 리 말

학교에서는 국어·수학·자연 등의 시험을 따로따로 봅니다. 그러나 만약 각 과목의 문제를 모두 섞어서 낸다면 어린이들의 반응은 어떨까요? 이런 출제 방식은 그들을 혼란시키기에 충분한 것입니다. 국어와 수학·자연·사회 등을 줄을 세우듯 모아 세우기에 익숙한 어린이에게 모두를 섞어서 질문을 한다면 어리둥절할 것은 틀림이 없습니다. 이러한 '어리둥절함'은 학습 과정에서 배운 지식을 서로 섞어 하나의 사고력으로 발전시키는 훈련이 없었기 때문이며, 그들 스스로는 그럴 능력이 없어서 지식은 사고력으로 발전 커지지 못하고 암기된 내용만 서랍 속에 남게 됩니다.

요즘 텔레비전이나 라디오 방송에서는 퀴즈 문답이 유행처럼 행해지고 있습니다. 이는 수수께끼 같은 정신적 오락을 즐기는 한편 사고력을 높일 수 있는 기초를 만들어 줍니다. 사고력이란 한 가지 지식을 창고 속에 보관하는 것이 아니라 여러 가지를 서로 섞었을 때 생겨지는 생각의 진행을 뜻합니다. 따라서 여러 지식은 하나의 그릇에 담아 반죽을 하듯 섞어져야 합니다. 생각의 진행은 다른 도구에 의해 만들어 질 수 있습니다.

이 책은 어린이 여러분에게 교과서의 중요 내용을 수수께끼를 하듯 질문을 합니다. 이것은 흥미를 유도합니다. 흥미와 관심을 가지고 해답을 생각하는 동안 어린이들 자신도 모르게 배운 문제에 대해 복습을 하며, 아직 배우지 못한 문제는 좋은 학습이 됩니다. 그리고 사고를 하기 위한 반죽을 합니다. 이것이 이 책이 목표로 한 편집 목적입니다.

　아무쪼록 어린이 여러분이 지식에 대해 흥미를 갖고 열심히 공부하는 어린이가 되기를 바랍니다.

차 례

8

초등학생의 지혜와 사고력을 높여주는

달려라
퀴즈챔피언

시는 어떻게 나눌까요?

자연의 아름다운 모습이나 생활에서 느끼는 감동을 운율(리듬)이 느껴지는 말로 짧게 나타낸 글을 시라고 합니다.

시는 그 내용이나 형식 등을 기준으로 나눌 수 있는데 다음 중 그 내용이 작가의 감동이나 심정을 글감(글을 쓰는 재료)으로 한 시는 무엇일까요?

① 서사시　② 서경시　③ 서정시　④ 극시

정답 　③ 서정시

시는 내용상 서정시, 서사시, 서경시로 나누는데 서사시는 역사적 사건이나 영웅들의 활약을, 서경시는 자연의 경치를 글감으로 합니다. 또한 형식상으로는 리듬을 이루는 데 일정한 형식이 있는 정형시, 형식에 얽매이지 않고 자유롭게 쓰는 자유시로 나눌 수 있습니다.

우리가 먹는 식품

식품의 특성을 살리면서 먹기 편하고 오랫동안 보관할 수 있게 만든 식품을 가공 식품이라고 하는데, 가공 식품의 종류는 원료에 따라 농산물로 만든 농산물 가공 식품, 축산물로 만든 축산 가공 식품, 수산물로 만든 수산 가공 식품으로 나눌 수 있습니다.

가공 식품은 조리가 간단하고 요리 시간이 짧기 때문에 많은 사람들이 먹게 되었습니다. 그러나 표백제, 방부제, 향료, 감미료 같은 화학 약품을 넣은 가공 식품을 지나치게 많이 먹으면 몸에 해로우므로 화학 약품을 넣지 않은 가공 식품(예 : 김치, 된장, 고추장, 과실주 등)과 자연 식품을 많이 먹도록 해야겠습니다. 그러면 다음 중 발효 가공 식품이 아닌 것은 무엇일까요?

① 과실주　　② 된장　　　③ 고추장　　④ 햄

정답 🐾 ④ 햄

　　햄과 소시지는 연기를 피워서 그을린 가공 식품입니다.

산골짝에 다람쥐 소풍간다네

떡갈나무는 산기슭의 양지나 해변 지대에서 잘 자라는 높이 10미터 가량의 갈잎 큰키나무입니다. 잎은 어긋나고 넓은 타원형인데 마른 채로 겨우내 가지에 붙어 있다가 다음 해 새싹이 나올 때에 떨어집니다. 암수한그루로 늦은 봄에 황갈색의 작은 꽃들이 이삭 모양으로 늘어져 피고, 열매는 길이 2센티미터쯤으로 10월에 갈색으로 익습니다.

상수리나무·졸참나무·갈참나무·신갈나무 등의 열매도 모두 떡갈나무의 열매와 같은 이름으로 불리는데, 나무의 종류에 따라 공 모양으로 둥근 것, 달걀 모양인 것 등이 있고 밑부분이 깍정이에 붙어 자라다가 가을이 되면 누렇게 익어 떨어집니다.

이 열매는 깨끗한 물에 우려 떫은 맛을 빼낸 다음, 빻아 앙금으로 만들어 묵을 쑤어 먹는데, 다람쥐나 산토끼·곰·들쥐 등의 먹이가 되기도 합니다. 이 열매의 이름은 무엇일까요?

① 대추   ② 도토리   ③ 머루   ④ 다래

정답 ② 도토리

나는 누구일까요?

나는 미국의 화가이자 전신기의 발명자로 1791년 매사추세츠 주 찰스 타운에서 태어났습니다.

1810년 예일 대학교를 졸업하였고, 프랑스와 이탈리아로 유학을 떠났다가 돌아오는 배 안에서 최신의 전자기학을 알게 되어 전신기에 대한 구상을 정리하게 되었습니다.

그 후 전자석의 발명자 헨리의 도움을 받아 전신을 연구한 끝에 전자석으로 움직이는 전신기를 처음으로 만들었으며, 1844년 마침내 나의 이름을 딴 부호를 사용하는 전신기를 발명하였습니다. 이 전신기에 쓰이는 부호는 길고 짧은 두 가지의 음을 여러 가지로 배합하여 글자를 대신한 것으로서, 어떠한 말이라도 통신을 할 수 있어서 세계적으로 널리 사용되었습니다.

늙어서는 해저 전신에 관한 연구를 하였고, 은판 사진기를 발명하기도 한 나는 누구일까요?

① 에디슨   ② 벨   ③ 마르코니 ④ 모스

정답 🐾 ④ 모스

적이 나타났다!

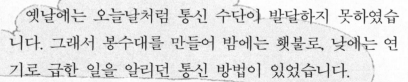

옛날에는 오늘날처럼 통신 수단이 발달하지 못하였습니다. 그래서 봉수대를 만들어 밤에는 횃불로, 낮에는 연기로 급한 일을 알리던 통신 방법이 있었습니다.

평상시에는 1개, 적이 나타나면 2개, 적이 국경에 가까이 오면 3개, 국경을 넘어오면 4개, 싸움이 시작되었을 때는 5개의 횃불(연기)을 올렸으며, 날씨가 흐리거나 바람이 불어서 신호가 잘 안될 때에는 사람이 직접 달려와서 연락을 하기도 하였습니다.

이와 같은 통신 방법은 조선시대 세종 때에 이르러 제대로 모습을 갖추게 되었는데, 지금의 서울에 있는 남산을 중심으로 하여 전국의 중요한 곳에 봉수대 623개를 두어 외적의 침략 등 위급한 일을 알리게 하였습니다.

이때 봉수대에 피어올랐던 횃불을 다른 말로 무엇이라고 하였나요?

① 봉불   ② 봉화   ③ 풍화   ④ 들불

정답 ② 봉화

봉수대는 봉화대라고도 합니다.

따르릉…… 여보세요

　이것은 사람의 음성을 전류나 전파로 바꾼 다음 통신 시설을 통해 멀리 보내서, 이 전류와 전파를 다시 소리로 바꾸어 들을 수 있도록 만든 장치입니다.

　이것은 1876년 미국의 벨이라는 사람이 발명하였으며, 우리 나라에는 1898년에 처음으로 가설되었습니다.

　이것은 송화기와 수화기, 그리고 다이얼로 구성되어 있습니다. 송화기는 말소리를 전류나 전파로 바꾸어 주며, 수화기를 통해 다시 전류나 전파가 말소리로 바뀌어 통화가 가능하게 됩니다.

　이것의 종류에는 전자식·공전식·자동식이 있는데, 전자식이 가장 널리 쓰입니다. 또한 요즘은 이것이 날로 발전하여 개인이 가지고 다니며, 통화 뿐만 아니라 여러 가지 정보를 주고 받을 수 있게 되었습니다.

　이것은 무엇일까요?

정답　전화

전화를 발명한 사람

이 사람은 미국의 전화 발명자로 1847년 스코틀랜드의 에든버러에서 태어났습니다. 1871년에 미국으로 이주한 후 전기 통신에 관심을 가지게 되었으며, 1873년부터 전화에 대한 실험을 하기 시작하여 1876년 전자식 송수화기의 특허를 따내게 되었습니다.

그후 1877년 전화 회사를 설립했고, 이 발명으로 받은 볼타상을 기금으로 하여 볼타 연구소를 창설하였으며, 농아 교육에도 힘을 썼습니다.

이 밖에도 광선 전화의 연구, 축음기의 개량, 비행기에 대한 연구, ≪사이언스≫지의 창간 등 여러 분야에서 많은 업적을 남겼습니다. 이 사람은 누구일까요?

① 제임스 와트　　　　② 스티븐스
③ 벨　　　　　　　　④ 포드

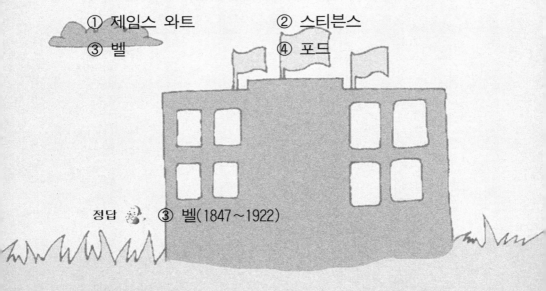

정답 ③ 벨(1847~1922)

이탈리아의 무선 통신 발명가

이 사람은 이탈리아 볼로냐의 부유한 실업가의 아들로 태어나, 어린 시절에는 정규 학교 교육을 받지 않고 가정교사에게 교육을 받았다고 합니다.

1894년 그는 집에서 무선 전신에 관한 실험을 시작하여 그때까지의 여러 가지 발명들을 모아 연구를 계속하여, 1895년 말 마침내 무선 전신기를 발명하게 되었습니다.

이듬 해 영국으로 건너 가 무선 전신에 대한 특허를 취득하였으며, 곧 도버 해협 사이의 영국과 프랑스를 연결하는 통신을 실현시켰습니다.

그후 1901년에는 대서양을 횡단하는 통신에서도 성공을 거두었고, 1909년에 노벨 물리학상을 수상하는 등 무선 통신의 기술 향상에 큰 업적을 남긴 이 사람은 누구일까요?

① 마르코니　　② 모스
③ 헨리 포드　　④ 록 펠러

정답 　① 마르코니(1874~1937)

지구의 주위를 도는 물체

이것은 사람이 만든 로켓을 쏘아 올려서 지구의 주위를 돌도록 만들어진 물체입니다. 지구의 표면에서 멀리 떨어져 수평으로 일정한 속도를 가지게 되면, 지구의 인력과 물체가 지구로부터 벗어나려는 힘이 균형을 이루게 되어, 이 물체가 지구로 떨어지거나 지구 밖으로 벗어나지 않고 궤도를 따라 돌게 됩니다.

이것은 우리의 생활뿐만 아니라 군사·학술 연구 등의 목적으로 쓰입니다. 또한 대륙과 대륙 사이의 먼 거리 통신, 즉 라디오·텔레비전·전화 등을 중계하기도 합니다.

그 밖에도 먼 천체의 모습을 촬영하기도 하고, 지구의 기상을 관측하기도 하는 등 여러 가지로 쓰여지는 이 물체를 무엇이라고 하나요?

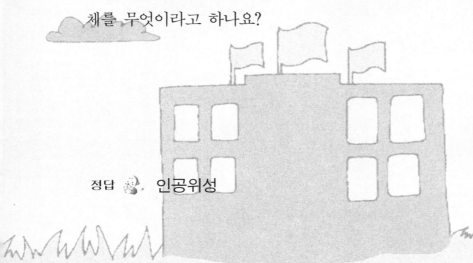

정답 🐾 인공위성

흑백의 아름다운 선율

이것은 건을 치면 건과 연결되어 있는 해머가 줄을 쳐서 소리를 내는 건반 악기로서, 1709년 이탈리아의 크리스토포리가 처음 발명했다고 합니다.

이것은 통을 옆으로 누인 그랜드형과 통을 세운 모양의 업라이트형이 있으며, 건반은 대개 검은 건과 흰 건을 합하여 88개로 되어 있습니다.

또 이것에는 둘 또는 세 개의 페달이 있는데, 오른쪽 페달은 강한 음을 내는 것으로 페달을 밟으면 음을 세게 하거나 길게 할 수 있으며, 왼쪽 페달은 약한 음을 내는 것으로 음을 여리게 할 때 쓰입니다.

이것은 독주는 물론 반주·중주·합주·협주 등 모든 연주에 알맞으며, 특히 그랜드형은 연주회용으로 많이 쓰입니다.

이것은 무엇일까요?

정답 🥜 피아노

머리 · 가슴 · 배

대부분 몸이 머리 · 가슴 · 배의 세 부분으로 뚜렷하게 구분되어 있고, 3쌍의 다리와 2쌍의 날개를 가진 동물입니다.

몸은 딱딱한 껍질로 싸여 있으며, 머리에는 1쌍의 더듬이와 눈, 입 등이 있습니다. 대개 초식을 하면 얼굴이 사각형이고, 육식을 하면 얼굴이 삼각형입니다. 가슴에는 날개와 다리가 붙어 있으며, 배는 여러 개의 마디로 되어 있는 이 동물은 무려 100만 종류에 이른다고 합니다.

과연 이 동물은 무엇이라고 불릴까요?

① 포유류   ② 조류
③ 원생동물   ④ 곤충

정답 ④ 곤충

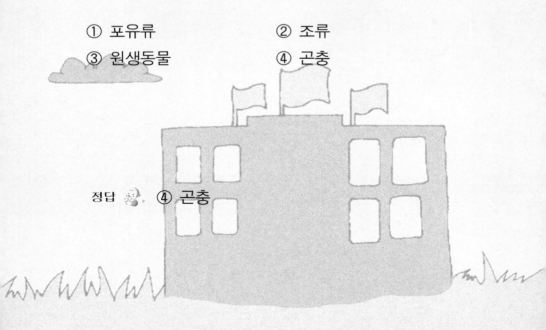

곤충의 탈바꿈

곤충은 알을 낳아 번식합니다. 알에서 깬 애벌레는 몇 차례 모양이 변하는 탈바꿈을 한 다음 어른벌레가 됩니다. 탈바꿈은 허물을 벗는 것을 말하며, 변태라고도 합니다.

알 → 애벌레 → 번데기 → 어른벌레의 과정을 거치면 완전 변태(갖춘 탈바꿈), 알 → 애벌레 → 어른벌레의 과정을 거치면 불완전 변태(안 갖춘 탈바꿈)라고 합니다.

또한, 변태를 하지 않고 알에서 바로 어른벌레와 똑같은 모습의 새끼로 깨서 자라는 곤충들도 있습니다.

다음 중 완전 변태를 하는 곤충은 무엇일까요?

① 메뚜기　　　② 바퀴벌레
③ 나비　　　　④ 매미

정답 🐞 ③ 나비

완전 변태 : 나비 · 벌 · 나방 · 파리
불완전 변태 : 메뚜기 · 잠자리 · 바퀴벌레 · 매미
변태를 하지 않는 곤충 : 좀 · 톡토기 · 집게벌레 등

곤충이 사는 곳과 생활

곤충은 먹이나 몸의 생김새에 따라 사는 곳과 살아가는 방식이 다릅니다.

풀숲에는 메뚜기·방아깨비·베짱이가 살고, 나무에는 매미·하늘소·풍뎅이·사슴벌레가 삽니다. 그리고 땅 속에는 개미·땅강아지가 살며, 물 속에는 물방개·물땅땅이·게아재비·장구애비·물장군·물자라가 삽니다.

또한 개미는 수많은 무리가 한데 모여서 계급을 가지고 각각 다른 일을 하면서 살아갑니다.

다음 중 개미와 같이 무리를 지어 사는 곤충은?

① 방아깨비 ② 풍뎅이
③ 벌 ④ 매미

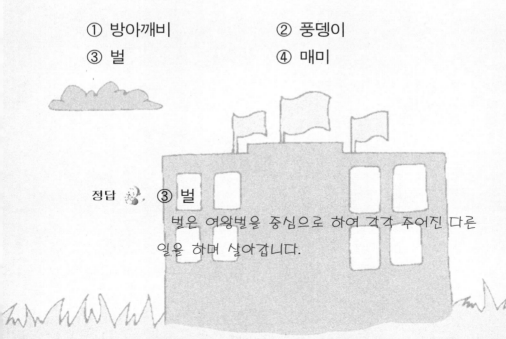

정답 ③ 벌

벌은 여왕벌을 중심으로 하여 각각 주어진 다른 일을 하며 살아갑니다.

소리를 내는 곤충

곤충은 날개나 다리에서 소리를 냅니다. 같은 종류의 곤충이라도 소리를 내는 것이 있고, 내지 않는 것이 있습니다. 우는 것은 모두 수컷이며, 암컷은 이 소리를 듣고 모여듭니다.

소리를 내는 곤충은 앞날개와 뒷날개를 비벼 소리를 내거나(철써기, 여치, 귀뚜라미), 뒷다리에 있는 톱니처럼 생긴 발음기관을 앞날개로 비벼서 소리를 내기도 합니다(메뚜기). 또 배에 있는 얇은 막으로 무더위를 가셔주는 시원스런 소리를 내는 곤충이 있는데, 이 곤충은 무엇일까요?

정답 　매미

조선 초의 명재상

고려 말에서 조선 초의 유명한 재상으로서, 개성에서 태어나 27세 때 문과에 급제하여 성균관의 학자로 지내다가 47세에 지신사가 되면서 정치적인 능력을 발휘하기 시작하였습니다.

69세에 영의정이 되었으며, 예절법을 제정하고 농사법을 개량하는 등 백성을 위한 정치를 하여 왕의 두터운 신임을 받았습니다.

그는 인자하고 예의가 바르며 청렴한 생활을 하여, 87세가 되어 영의정에서 물러났을 때도 집안이 몹시 가난하였다고 합니다.

비가 오면 방안에 빗물이 떨어져서 삿갓을 쓰고 앉아 있었다고도 하는 등 그에 관한 일화가 많이 전해져 오고 있습니다.

그는 지금까지도 우리 나라의 청렴한 선비의 모범이 되고 있습니다. 조선시대를 통하여 가장 유명한 재상 중의 한 사람인 이 사람은 누구일까요?

정답 🐾 황희(1363~1452)

궁중 음악

이 음악은 고려 시대부터 조선 시대 말기까지 궁중에서 연주되던 전통 음악의 하나이며, 좁은 의미로는 문묘 제례악만을 가리키는 용어로 쓰이고 있으나, 넓은 의미로는 궁중 의식 때 연주되던 모든 음악을 포함하는 것입니다.

이 음악은 고려 시대 중국 송나라로부터 들여온 것으로, 한 때는 크게 번성했지만 고려의 멸망과 더불어 차츰 쇠퇴해져 갔습니다.

조선 조 세종 때 박연에 의해 대대적인 정비 작업이 이루어졌으나, 그 후에는 단지 제례 아악만이 전승되어 오늘날 그 명맥만을 유지하고 있을 뿐입니다. 이 음악을 무엇이라고 하나요?

정답 🌸 아악

백성을 가르치는 바른 소리

옛날에는 우리 글자가 없었기 때문에 중국의 한자를 빌려서 사용하고 있었습니다. 하지만 일반 백성들은 한자가 너무 어려워 사용할 수가 없었습니다. 그래서 세종 임금은 집현전의 학자들과 함께 우리의 글자를 만들기 위해 애썼습니다. 드디어 세종 25년(1443)에 우리의 글자를 만들어, 세종 28년(1446) 널리 세상에 알려 모든 백성이 사용할 수 있도록 하였습니다.

우리의 글은 소리를 낼 때의 입 모양을 본떠서 만든 소리글자이며, 매우 과학적이고 누구나 쉽게 배워서 사용할 수 있는 글입니다.

이러한 우리의 글은 그 이름을 무엇이라고 하였나요?

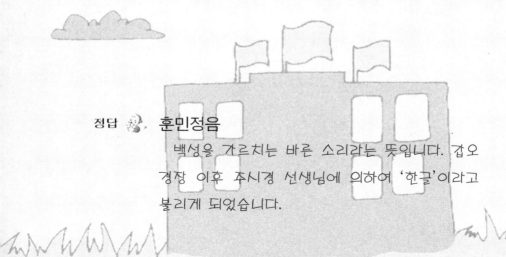

정답 훈민정음

백성을 가르치는 바른 소리라는 뜻입니다. 갑오경장 이후 주시경 선생님에 의하여 '한글'이라고 불리게 되었습니다.

안중근 의사의 총탄에 쓰러진 일본 정치가

일본의 정치가로 1859년 도쿄에서 양이 운동(서양 사람을 배척하는 운동)을 벌이고 도쿠가와 막부를 넘어뜨리기 위한 운동에 힘썼습니다.

그 후 영국 런던에서 신학문을 배우고 귀국하여 메이지 유신 이후 새 정부의 중심 인물이 되었습니다.

그는 1894년 청·일 전쟁 뒤 전권 대사로 시모노세키 조약을 맺고, 러·일 전쟁 뒤에는 우리 나라와 강제로 을사조약을 맺었습니다.

1905년에는 초대 통감으로 우리 나라에 와서 한·일 합방의 기초를 다졌으며, 1909년 통감에서 물러난 뒤 중국 동북부 시찰 겸 러시아 재무 대신과 회담하기 위하여 만주 하얼빈에 도착하였다가 안중근 의사의 총탄에 맞아 죽었습니다.

그는 누구인가요?

정답 🙎 이토 히로부미(1841~1909)

행운의 상징

이 식물은 양지바른 땅이나 들에서 저절로 자라나는 여러해살이풀로 토끼풀이라고도 합니다.

줄기는 땅 위로 누워 뻗으며 각 마디에서 뿌리를 내려 사방으로 퍼져 나갑니다. 잎은 3개의 작은 잎으로 된 겹잎으로 어긋나며 긴 잎자루가 있고, 가장자리에는 작은 톱니가 있습니다. 여름에 잎겨드랑이에서 긴 꽃줄기가 나와 그 끝에 많은 낱꽃이 모여 둥근 공 모양의 꽃송이를 이룹니다.

여러 종류가 있으며, 드물게 발견되는 네 잎짜리 이 식물은 행운의 상징으로 귀하게 여겨집니다.

이 식물의 이름은?

 정답 클로버

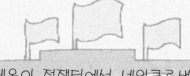
나폴레옹이 전쟁터에서 네잎클로버를 발견하고 그것을 따기 위해 윗몸을 앞으로 숙인 순간 적의 총탄이 머리 위를 지나갔다고 합니다. 만일 몸을 숙이지 않았다면 큰일날 뻔 했겠지요? 그래서 네 잎클로버는 행운의 상징이 되었다고 합니다.

지구의 남쪽 끝 ─ 펭귄의 나라

지구의 남쪽과 북쪽 끝은 태양빛을 비스듬히 받으므로 햇빛을 받는 양이 적습니다. 그래서 1년 내내 기온이 낮아 두꺼운 얼음으로 덮혀 있습니다.

남쪽은 대륙을 중심으로 하여 바다로 둘러싸인 육지입니다. 하지만 북쪽은 육지로 둘러싸인 바다입니다.

남쪽에는 펭귄·갈매기·바다표범 등이 살고 있으며, 그 주위의 바다에는 플랑크톤이 많아서 크릴 새우·고래 등이 몰려옵니다.

또한 대륙은 육지 위에 덮혀 있는 두꺼운 얼음 때문에 평균 높이가 2,200m나 되며, 북쪽보다 춥고 여름에는 태양이 낮게 기운 채로 지지 않아 낮만 계속되는 백야 현상이 나타납니다. 그런가 하면 겨울에는 태양이 떠오르지 않아 밤만 계속되기도 합니다. 그리고 갠날 밤이면 여러 가지 빛깔이 하늘에 넓게 퍼져서 빛나는 오로라 현상이 나타나기도 합니다.

1911년 노르웨이의 아문젠이 남쪽 끝 탐험에 성공하였고, 우리 나라에서도 1987년 기지 건설단이 진출하여 처음으로 한국 과학 기지를 세웠습니다.

이러한 지구의 남쪽 끝을 무어라고 하지요?

정답 🐧 남극

30

깔때기 모양의 함정

그늘진 곳이나 마루 밑 등의 모래땅에 깔때기 모양의 구멍을 파고 그 밑의 흙 속에 숨어 있다가 개미나 작은 벌레가 그 구멍으로 빠지면 집게 모양의 턱으로 물고 즙을 빨아먹는 벌레는 무엇일까요?

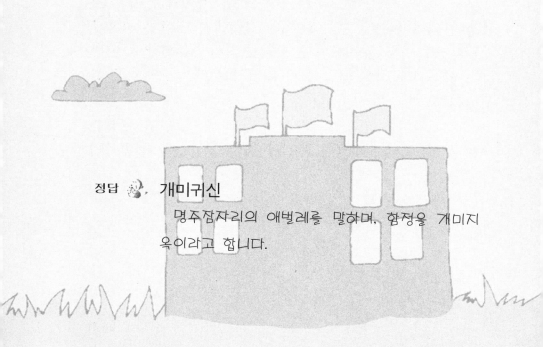

정답 개미귀신

명주잠자리의 애벌레를 말하며, 함정을 개미지옥이라고 합니다.

나, 쥐 맞아?

　나는 몸과 머리는 쥐처럼 생겼고, 앞발의 둘째 발가락에서 뒷발과 꼬리 사이의 피부가 늘어나 얇은 막의 날개가 있습니다.

　나는 어두운 곳에서도 먹이를 잘 찾을 수가 있는데, 그 이유는 입이나 코로 초음파를 발사하여 그 반사음으로 먹이의 위치를 찾아내기 때문입니다.

　낮에는 동굴 같은 어두운 곳에서 낮잠을 자고, 밤에 나와 날아다니면서 곤충을 잡아먹고 삽니다. 나무 열매나 꿀·물고기 등을 먹기도 합니다.

　초여름에 한두 마리의 새끼를 낳아 젖으로 기르며, 겨울에는 동굴에서 겨울잠을 잔답니다.

　나는 뭘까요?

정답 　박쥐

독립 신문의 발행자

그는 의학자이자 독립 운동가였습니다. 김옥균·홍영식 등과 함께 갑신 정변을 일으켰으나 실패하고 미국으로 망명, 그곳에서 의학 박사 학위를 받고 갑오경장 때 귀국하여 「독립 신문」을 발행하였습니다.

또한 이상재·이승만 등과 함께 독립 협회를 조직하여 「독립문」을 세우고 만민 공동회를 개최하는 등 나라의 자주 독립과 자유 인권 운동을 전개하였습니다.

해방 후인 1947년 귀국했으나 나라 안팎의 혼란스러움에 실망하여 다시 미국으로 돌아가 생애를 마쳤습니다.

그는 누구일까요?

정답  서재필

양반의 무능과 허세를 풍자

이것은 중요 무형문화재 제34호로 황해도 강령 지방에 전승되어 오던 탈춤의 하나입니다. 사자춤·말뚝이춤·목중춤·상좌춤·양반춤 등 모두 8과장으로 나누어져 있으며, 말뚝이가 양반을 희롱하는 대목은 그 재미있는 말솜씨가 독특할 뿐만 아니라 양반 계급의 무능과 허세를 드러내어 보여주고 있습니다.

이 탈춤에는 말뚝이·사자·원숭이·목중·상좌·마부·양반·도령·노승·취발이·소무 등의 탈이 쓰이며, 그 탈의 재료는 주로 종이가 쓰이나 대나무·토끼털 등도 쓰였습니다.

이 탈춤의 이름은?

정답 🐾 강령 탈춤

백제의 도읍지

이 도시는 충청 남도에 위치해 있습니다.

고구려 동명성왕의 아들인 온조는 남쪽으로 내려와 지금의 서울인 위례성을 중심으로 하여 나라를 세우니, 바로 백제의 역사가 시작된 것입니다.

도읍지를 지금의 경기도 광주 지방으로 옮기고, 나라 이름도 백제라 하였으며, 후에 지금의 공주인 웅진으로 옮겼습니다.

성왕 16년(538년)에는 도읍을 다시 사비로 옮기고 백제의 부흥을 꾀하였으나 신라의 공격으로 성왕은 전사하고 말았습니다.

그 후 사비는 신라에 의해 삼국이 통일될 때까지 백제의 도읍지로 있었습니다.

사비는 지금의 어디일까요?

정답 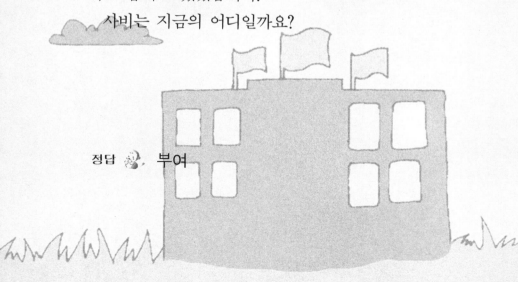 부여

천하대장군과 지하여장군

한 마을의 생명과 안전을 지켜주는 상징적 수호신으로 마을 입구나 길가에 세운 목상이나 석상을 가리키는 것으로서, 윗부분에는 단순하고 소박하게 사람의 얼굴을 새기고 아랫부분에는 천하대장군·지하여장군이란 글씨를 쓰거나 새긴 것을 무엇이라고 하나요?

이것의 생김새는 기둥 모양이며, 대개 남녀 한 쌍을 나란히 세웠으며, 관을 조각하고 부릅뜬 눈과 덧니, 수염을 표현하기도 하였으며, 때때로 남자는 붉은 색, 여자는 푸른 색을 칠한 경우도 있습니다.

정답 장승

역사 공부하러 가자!

원래 전쟁에서 승리한 부족이 상대 부족으로부터 빼앗아 온 물건을 신전에 늘어놓고 승리를 축하한 데서 유래한 것으로서, 역사에 참고가 되는 유물이나 학문 연구에 도움이 되는 자료, 미술품 따위를 모아 잘 정리하여 많은 사람들이 볼 수 있도록 전시해 놓은 곳입니다.

이러한 곳을 무엇이라고 하나요?

정답  박물관

어리석은 자라와 꾀 많은 토끼

남해의 용왕이 병을 얻어 온갖 좋다는 약은 다 써보아도 효험이 없자, 용왕의 병에는 토끼의 간이 좋다는 말을 듣고 자라는 토끼를 찾아 나섰습니다.

우여곡절 끝에 토끼를 만난 자라는 달콤한 말로 토끼를 속여 용궁으로 데려왔으나 토끼가 꾀를 내어 도망가고 말았습니다.

이 이야기는 삼국 시대부터 <귀토지설>이라는 설화로 이미 널리 알려져 있었으며, <토생원전>이라고도 불리우고 있습니다.

인간의 헛된 욕심과 경솔한 행동을 풍자한 이 고대 소설의 제목은?

정답 🐢 별주부전

왜군을 속인 지혜

　임진왜란 당시 이순신 장군이 아군의 수가 적어 부녀자들을 모아 남장을 하게 한 후 산 허리를 빙빙 돌게 하여 아군의 수가 많음을 보이자 왜군이 겁을 먹고 도망가게 되었다고 합니다.

　그 후 호남과 영남 지방의 해안 지대 마을에서 정월 대보름이나 8월 한가위에 노래를 부르며 둥글게 서서 즐기게 되었는데, 목청이 맑고 소리 잘하는 여인이 앞에서 선창(메기는 소리)을 하면 나머지 모든 여인들이 합창으로 받는 소리를 무엇이라고 하나요?

정답 　강강술래
　　　'강강수월래'라고도 하는데, 그 뜻은 '강한 오랑캐가 물을 건너 온다'는 뜻이라고 합니다.

전란과 당쟁 속에 지낸 임금

조선의 14대 왕으로서, 즉위 초에는 이황·이이 등 많은 인재를 등용하여 바른 정치에 힘쓰는 한편 유학을 크게 일으키기 위해 노력한 임금입니다.

당쟁이 치열해지고 나라의 기강이 문란해져 국력이 크게 쇠약해지자 일본이 쳐들어오게 되었습니다. 임진왜란이 일어나게 된 것이지요.

결국 임금은 의주로 피란하여 명나라에 구원병을 청하게 되었습니다. 이때 이순신 장군이 남쪽에서 눈부신 활약을 하며 왜군을 크게 무찔렀고, 육지에서는 권율 장군과 의병들이 일어나 나라를 구하는데 앞장 섰습니다. 그리고 명나라 이여송의 도움으로 임금은 다시 한양으로 돌아올 수 있었습니다.

그 후에도 왜군은 다시 쳐들어 왔고, 이로 인해 국토는 황폐해졌으며, 당쟁은 더욱 심해져 왕위에 있는 동안 전란과 당쟁 속에서 지냈던 임금입니다.

이 임금은 누구일까요?

정답 🐾 선조(1552~1608)

조선 시대 가사 문학의 대가

이 사람의 호는 '노계'이며, 송강 정철에 이어 조선 시대 가사 문학의 발전에 크게 공헌한 사람입니다.

임진왜란이 일어나자 의병을 일으켜 왜군을 크게 무찔렀으며, <태평사>를 지어 병사들의 노고를 위로하기도 하였습니다.

저서로는 <노계집>, 가사에 <태평사>·<사제곡>·<누항사> 등과 함께 60여 수의 시조가 전해지고 있는데, 이 사람은 누구일까요?

정답 박인로(1561~1642)

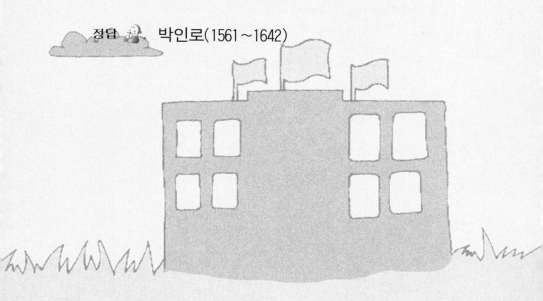

전력을 만들어 내는 방식

　발전소는 발전기로 전력을 만들어 내는 곳을 말합니다. 오늘날 산업이 매우 빠른 속도로 발전해 감에 따라 전력 또한 수요가 급증하고 있습니다. 이로 인해 발전소 설비의 대용량화·고성능화가 진행되고 있습니다.

　발전소는 발전을 하는 방식에 따라 여러 가지로 나눌 수 있는데, 핵 분열 반응에 의해 생긴 열 에너지를 전기 에너지로 바꾸어 전력을 얻는 발전소를 무슨 발전소라고 하나요?

정답 🐾 원자력 발전소

　우리 나라에서는 1978년 4월에 처음으로 고리 원자력 발전소 1호기의 가동이 시작되었습니다.

42

인력이 많이 드는 경공업

가벼운 물건을 만드는 공업을 경공업이라고 합니다.
동물과 식물로부터 얻은 천연 섬유를 원료로 하여 옷감을 만드는 경공업으로서, 천연 섬유 이외에도 석탄이나 석유로부터 얻은 화학 섬유를 원료로 하거나 천연 섬유를 화학적으로 처리하여 인조 섬유를 만들기도 하는 공업을 섬유 공업이라고 합니다.
그러면 목화를 원료로 하는 섬유 공업은 무슨 공업일까요?

정답 면직 공업

많은 자본과 고도의 기술이 필요한 중화학 공업

　기계나 금속과 같이 무거운 물건을 만드는 중공업과 석유·석탄·황 등의 원료를 화학적으로 처리하여 다른 공업에 필요한 재료나 일상 생활에 쓰이는 제품을 만들어 내는 화학 공업을 합해 중화학 공업이라고 합니다.

　다음 중 중화학 공업에 속하지 않는 것은 무엇일까요?

① 금속 공업　　　② 화학 섬유 공업

③ 기계 공업　　　④ 석유 화학 공업

정답 ② 화학 섬유 공업(경공업)

생산의 3요소

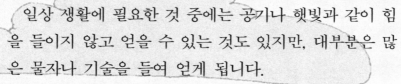

일상 생활에 필요한 것 중에는 공기나 햇빛과 같이 힘을 들이지 않고 얻을 수 있는 것도 있지만, 대부분은 많은 물자나 기술을 들여 얻게 됩니다.

이처럼 사람에게 필요한 것을 얻을 수 있도록 하는 모든 활동을 생산이라고 합니다.

생산 활동에는 물자를 생산하는 일 외에도 사람들이 필요로 하는 일을 해주는 서비스도 포함됩니다.

물자를 생산하는 데 필요한 것들을 생산 요소라 하는데, 다음 중 생산의 3요소에 해당하지 않는 것은?

① 토지   ② 노동   ③ 자본   ④ 국가

정답 ☃. ④ 국가

하나의 일을 여럿이 완성

　한 사람이 한 가지 물건을 처음부터 끝까지 만드는 것보다 여러 사람이 전문 분야별로 나누어 일을 하면 그 분야에 대해 능숙해져서 능률이 오르기 때문에 시간과 비용이 절약됩니다.

　이와 같이 하나의 일을 전문 분야별로 여러 사람이 완성시키는 것을 무엇이라고 하나요?

정답 　분업

　분업은 기업체 뿐만 아니라 사회의 모든 분야에서 이루어지고 있습니다.

발명을 독점적으로 이용할 수 있는 권리

발명을 독점적으로 이용할 수 있는 권리로서, 발명의 보호·이용을 도모하여 발명을 장려하고 산업 발전에 기여하게 하기 위하여 발명자에게 주는 권리입니다.

이 권리는 15년간 지속되며, 침해를 받았을 경우에는 보상을 받을 수 있습니다.

이러한 권리를 무엇이라고 하나요?

정답 특허권

은행 중의 은행

돈을 가진 사람과 돈을 필요로 하는 사람 사이에 빌려주고 빌려쓰는 일을 금융이라고 하며, 중개하는 역할을 하는 곳이 금융 기관입니다. 그 금융 기관 중에 가장 대표적인 것이 은행입니다.

우리 나라의 은행 중에는 일반 은행에게 돈을 빌려주거나 은행의 이자율을 관리하는 곳이 있습니다. 또 정부의 은행으로서 정부를 상대로 예금뿐만 아니라 돈을 빌려주기도 하고, 은행권(돈)을 발행하며 은행 중의 은행으로 불리웁니다.

이 은행은?

정답 🐾 한국은행
우리 나라의 중앙은행입니다.

불행한 일에 미리 대비

이 회사는 가입자로부터 모은 돈을 관리·운용하고 사고가 발생하면 약정된 금액을 지급합니다. 또 기업에 돈을 빌려주거나 증권에 투자하여 이자를 받거나 이익을 얻기도 합니다.

불행을 당했을 경우 보상을 받으려는 사람들로부터 미리 일정한 돈을 받아 두었다가 뜻밖의 재난을 당했을 때 그 손해를 보상해 주는 일을 하는 금융기관의 하나입니다.

이러한 금융 기관을 무엇이라고 하나요?

정답 ☞ 보험 회사

사업을 하는 사람이 이용하는 예금

수표를 발행하기 위한 예금으로서, 은행에 예금을 하고 상대방에게 돈 대신 수표를 주면 그 수표를 받은 사람은 현금처럼 사용할 수 있습니다. 그리고 나중에 수표가 은행에 들어가면 그 수표를 발행한 사람의 통장에서 돈이 지불됩니다.

이 예금은 주로 기업이나 개인 등 사업을 하는 사람이 많이 이용합니다.

이 예금의 이름은 무엇일까요?

정답 🐌 당좌예금

당좌 예금에 가입하면 당좌수표를 발행할 수 있습니다.

인류의 복지에 공헌한 사람에게 주는 상

스웨덴의 화학자로 다이너마이트를 발명하여 큰 부자가 된 사람이 있었습니다.

이 사람은 자신이 발명한 다이너마이트가 좋은 일이 아닌 전쟁에 사용되어 수많은 사람이 죽게 되자 자신의 발명을 후회했습니다. 그래서 자신의 전 재산을 스웨덴 왕립 과학 아카데미에 기부하고, 인류의 복지에 공헌한 사람에게 주도록 하였습니다.

이에 따라 이 사람의 이름을 딴 재단이 설립되어 1901년부터 매년 상장과 메달, 그리고 상금이 주어지고 있습니다.

이 상을 무슨 상이라고 하나요?

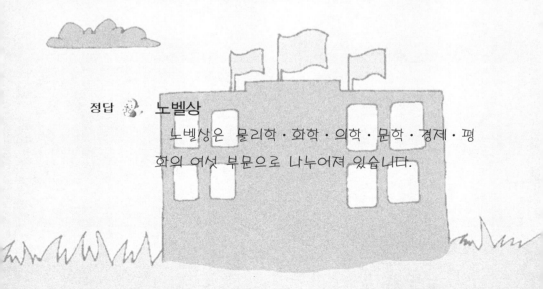

정답 🐾 노벨상

노벨상은 물리학·화학·의학·문학·경제·평화의 여섯 부문으로 나누어져 있습니다.

아시아 인을 하나로

이 대회는 1948년 제14회 런던 올림픽이 열리는 동안
에 인도의 손디가 제의하고 우리 나라를 비롯한 미얀
마·인도·자유중국(대만)·스리랑카·필리핀 등 6개국
이 모여 그 개최를 결정함으로써 시작되었습니다.

스포츠를 통하여 아시아 여러 나라의 우의를 두텁게
하고 세계 평화를 이룩하는 데 그 목적이 있으며, 4년마
다 희망하는 회원국 중에 투표로 결정되는 나라에서 열
립니다.

아시아의 올림픽이라고 불리우는 이 대회의 이름은
무엇일까요?

정답 ☙ 아시안 게임

국제 올림픽 위원회가 공인한 정식 이름은 '아시
아 경기 대회'입니다.

발전이 기대되는 미래의 땅

천연 자원이 풍부하여 발전이 기대되는 대륙으로서, 그 동안 유럽의 식민지로 지배를 받아 오다가 2차 세계 대전 이후에 많은 나라가 독립하게 되었습니다.

이 대륙은 매우 넓기 때문에 지형·기후·주민·경제·사회 모든 면에서 각양 각색입니다. 아시아에 이어 두 번째로 큰 대륙으로 북동부는 아시아와 이어져 있습니다.

북쪽은 지중해, 서쪽은 대서양, 동쪽은 인도양 등 세 바다로 들러싸여 있는 이 대륙은?

정답 🐾 아프리카

우리 나라에서 가장 오래되고 규모가 큰 저수지

신라 흘해왕 때 만들어졌고, 조선 태종 15년에 다시 고쳐 쌓았다는 기록이 남아 있는 이 저수지는, 임진왜란 때 폐허가 되어 현재는 농경지가 되었습니다.

이 저수지는 삼국 시대의 토목·측량 등 여러 가지 기술의 발달 수준을 알아볼 수 있는 중요한 유적입니다.

이 저수지의 이름은 뭘까요?

정답 🐾 벽골제

사적 제111호로 전라 북도 김제군 부량면에 위치해 있습니다.

자연의 재해

자연 재해는 자연의 변동으로 인해 피해를 입게 되는 것을 말하며, 우리 나라에는 가뭄이나 홍수, 태풍으로 인해 피해를 보게 되는 경우가 있습니다.

그러면 바다 밑바닥에서 지진·화산 폭발이 일어나거나 바다 위의 큰 폭풍으로 갑자기 거대한 파도가 일어 육지를 덮치는 현상을 무엇이라고 할까요?

정답  해일

사시사철 푸른 채소를 먹을 수 있는 이유

이것은 비닐을 이용하여 온실처럼 만든 것으로 채소류의 속성 재배나 열대 식물 등의 재배에 이용되며, 지금은 널리 보급되어 전국적으로 많은 농가에서 사용하고 있습니다.

온실보다 시설비나 수리비가 적게 드나, 비닐이 쉽게 더러워지고 찢어지기 쉬우므로 오랜 기간 사용할 수가 없습니다. 그리고 빗물이 스며들지 못하기 때문에 물을 뿌려주는 시설과 환기 장치 등을 설치해야 합니다.

이것을 무엇이라 하지요?

정답 🐢 비닐 하우스

한강에는 댐이 많지요

댐이란 물을 이용하거나 전력을 일으킬 목적으로 계곡이나 하천 또는 강을 막아서 많은 물을 모아 두기 위해 쌓은 둑을 말합니다.

댐은 전기를 일으키는 일을 합니다. 또 공장에서 쓰는 물을 공급해 주며, 홍수를 방지하고 가뭄에는 논과 밭에 물을 대어 줍니다. 이렇게 여러 가지 목적에 사용되는 댐을 '다목적 댐'이라고 합니다.

우리 나라에서 댐이 가장 많이 건설된 강은 한강입니다. 다음 중 한강에 건설된 댐이 아닌 것은 어느 것일까요?

① 충주 댐　　　② 소양강 댐
③ 팔당 댐　　　④ 대청 댐

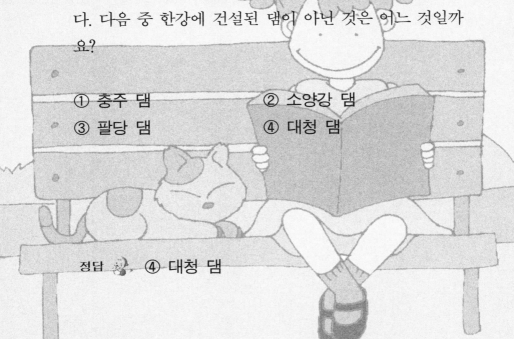

정답 ④ 대청 댐

뛰어난 경치의 세계적인 명산

이 산은 강원도 통천군과 회양군 사이에 걸쳐 있는 산으로 그 아름다운 경치로 인해 세계적으로 널리 알려진 명산입니다.

1만 2천봉이라 할 만큼 기이한 봉우리가 수없이 많으며, 계절에 따라 색다른 경치가 펼쳐져 그 이름도 계절이 바뀔 때마다 달라집니다.

이 산은 가는 곳마다 계곡·폭포·연못·오래된 절 등이 아름답게 조화를 이룬 절경인데 그 중에서도 만물상, 12폭포, 구룡폭포 등과 총석정·장안사·유점사 등이 유명합니다.

이 산의 이름은?

정답 🦔 금강산

봄 : 금강산

여름 : 봉래산

가을 : 풍악산

겨울 : 개골산

신라의 유명한 사찰

경상 북도 경주시의 토함산 기슭에 자리잡고 있는 절입니다. 이 절은 신라 시대 법흥왕 22년(535)에 세워져 경덕왕 10년(751) 김대성에 의해 크게 고쳐졌습니다.

그 후 임진왜란 때 목조 건물이 모두 불타버려 여러 차례에 걸쳐 복구와 중건을 하였습니다. 지금은 옛날 규모의 1/10 정도 밖에 되지 않는다고 합니다.

그러나 이 절은 층계·기둥·탑 등 모든 면에서 신라의 미술이 종합되어 있는 중요 문화재입니다.

이 절의 이름은 무엇일까요?

정답 🐾 불국사

우리 나라 고유의 현악기

이것은 밤나무 판 위에 오동나무의 긴 널로 속이 비게 통을 짜서 그 위에 6개의 줄을 걸어 놓고, 3개의 줄에는 16개의 괘를 받쳐 놓았습니다.

연주할 때는 왼손으로 괘를 집으면서 대쪽으로 만든 술대를 오른손에 끼고 줄을 튕겨서 소리를 내는데, 음정은 괘로 조절합니다. 몸통은 길이 150cm, 폭 20cm, 두께 8cm 가량의 상자 모양이며, 오현금 · 칠현금이 있습니다.

가야금과 더불어 우리 나라 고유의 현악기 중 하나로서, 고구려 때 왕산악이 중국의 칠현금을 고쳐서 만든 것입니다.

이 악기의 이름은 무엇일까요?

정답  거문고

아름다운 비색의 자기

이 자기는 약 10세기부터 만들어지기 시작하였으며, 12세기 초에는 도자기 표면에 무늬를 새겨 그 속에 금·은 등으로 색을 넣는 '상감'이라는 새로운 기법을 이용하여 더욱 발전하게 되었습니다.

오랜 전통을 이어온 본고장 중국에서도 '천하 제일'이라는 찬사를 아끼지 않았던 이 자기는 고려와 운명을 같이 하고 말았는데, 오늘날까지 그 심오한 색조를 되살려 내지 못하고 있습니다.

고려 시대에 만들어져, 우리 나라의 자기 공예사상 가장 대표적인 자기인 이것의 이름은 무엇인가요?

정답 🐾 고려 청자

순백색의 조선 백자

조선 백자는 순백색의 흙을 빚어 그 위에 투명한 유약을 발라 구워낸 자기입니다.

조선 초기에는 궁중의 제기나 집기로만 사용됐으며, 차츰 일반 백성들에게도 널리 알려져 애용되었습니다.

순도 높은 백색의 표면 위에 청색의 안료로 그림을 그린 후 투명한 유약을 입혀 구워낸 백자로서, 주로 산수문이나 장생문 등의 문양이 새겨진 백자는 다음 중 어느 것을 말하는 걸까요?

① 순백자　　　② 백자상감
③ 청화백자　　④ 백자철화문

정답 　③ 청화백자

조선 시대의 정궁

조선 왕조가 세워지자 도읍을 한양으로 옮기면서 세운 궁궐입니다.

임진왜란 때 불타버렸으나, 왕실의 권위를 높이고 국가의 위상을 떨치기 위하여 1867년 흥선 대원군에 의해 다시 지어졌습니다.

일제에 의해 대부분의 전각이 헐리고 근정전·향원정·경회루·집목재 등만이 남아 있으나 창건 당시의 위치에 그대로 자리잡고 있으며, 조선 시대 궁궐의 모습을 잘 알 수 있는 중요한 유적입니다.

조선 시대의 정궁인 이 궁궐의 이름은 무엇일까요?

정답 🐾 경복궁

경복궁의 정문은 광화문입니다.

일제의 통치·수탈 기관

1905년 을사조약을 체결하여 대한 제국의 외교권을 빼앗은 일제는 통감부를 설치하고, 고종 황제를 퇴위시키는 등 침략의 야욕을 드러내기 시작하였습니다.

마침내 1910년 8월 29일(경술국치) 일제는 대한 제국을 일본 영토에 편입시켰습니다. 그리고 통감부를 없애고 보다 더 강력한 통치 기관을 설치하였습니다.

1945년 해방될 때까지 이 기관은 우리 나라의 입법·사법·행정 및 군사권까지 쥐고 우리 민족을 탄압하고 수탈하였습니다.

이 기관의 명칭은 무엇일까요?

정답 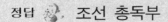 조선 총독부

죽음으로써 절개를 지킨 충신

이 사람은 고려 말의 문신이자 학자로서 유학을 널리 알리고, 고려 왕조를 위하여 끝까지 절개를 지킨 충신이 었습니다.

이방원이 고려 왕조를 버리고 함께 하기를 권유하였 으나 뿌리치고 끝까지 충성을 다하였습니다.

결국 그는 1392년 선죽교에서 이방원의 부하 조영규 에게 피살되고 말았습니다.

목은 이색, 야은 길재와 더불어 고려 3은이라 불리우 는 이 사람은 누구인가요?

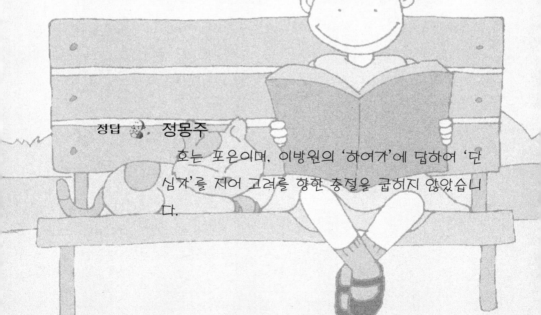

정답 🐾 정몽주

호는 포은이며, 이방원의 '하여가'에 답하여 '단 심가'를 지어 고려를 향한 충절을 굽히지 않았습니 다.

영토를 넓힌 대왕을 기리는 비석

　고구려의 영토를 넓힌 선왕의 업적을 기리기 위해 아들인 장수왕이 세운 비석으로서, 중국 만주의 지안현 통저우에 있습니다.

　이 비석은 1882년 일본군 장교에 의해 발견되었는데, 그 내용 중 일본에 불리한 부분을 고쳤다고 하여 국제적인 문제를 일으키기도 하였습니다.

　한국·중국·일본의 고대 역사를 연구하는데 중요한 자료인 이 비석을 무엇이라고 하나요?

정답 ◈ 광개토 대왕릉비

누구의 무덤인지 알 수 없어요

이 무덤은 중국 지린성 지안현 퉁저우에 있는 고구려 시대의 적석총입니다.

퉁저우 고분군 중에서도 가장 형태가 잘 갖추어진 것으로, 광개토 대왕릉비와의 위치로 보아 이 무덤을 광개토 대왕릉으로 보는 학자가 많습니다.

이 무덤의 이름은 무엇인가요?

정답 👤 장군총

해동 화엄종의 시조

이 사람은 신라 시대의 승려로 화엄종의 창시자입니다.

진덕여왕 4년(650)에 원효와 함께 당나라로 공부하러 가던 중 원효는 해골에 고인 물을 마시고 깨달음을 얻어 당나라로의 유학을 포기하고 돌아가자 혼자서 떠났으나 고구려군에게 붙잡혀 실패하고, 후에 당나라로 가서 화엄종을 연구했습니다.

문무왕 11년(671)에 귀국하여 왕명을 받아 부석사를 창건하고, 화엄종을 가르치어 해동 화엄종의 창시자가 되었습니다.

이 승려는 누구일까요?

정답 🐾 의상(625~702)

단군을 모시는 종교

1909년 단군 신앙을 바탕으로 하여 나철·오기호 등이 일으킨 우리 나라 고유의 종교입니다.

이 종교는 단군과 그의 조상인 환인, 환웅을 받드는 종교이기 때문에 우리 민족의 뿌리를 말살하려는 일제로부터 혹독한 박해를 받았습니다.

매년 음력 3월 15일을 단군이 하늘로 올라간 날로 삼아 제사를 지낸다는 데, 이 종교를 무엇이라고 하나요?

정답 대종교

악법도 법이다

그는 고대 그리스의 철학자로 지혜를 사랑하는 마음을 청년들에게 가르쳤고, 객관적이고 보편 타당한 진리의 철학을 수립하기 위해 애썼습니다.

사람들에게 "너 자신을 알라"고 가르쳤고, 늙어서는 억울하게 사형을 선고받았습니다.

도망치라는 주위의 말을 뿌리치고 "악법도 법이다"라고 하며 독약(독미나리)을 마시고 숨졌습니다.

그의 사상은 플라톤·아리스토텔레스에 의해 계승되었고, 서양철학에 큰 영향을 주었습니다.

그는 누구일까요?

정답 🐢 소크라테스

작은 힘을 큰 힘으로 바꾸는 도구

　이것은 막대를 이용하여 작은 힘을 큰 힘으로 바꾸는 도구를 말합니다.

　이것에는 물체를 놓는 작용점, 받침을 놓는 받침점, 누르는 자리인 힘점이 있습니다.

　받침점과 작용점 사이의 거리가 짧을수록, 받침점과 힘점 사이의 거리가 길수록 힘이 적게 듭니다.

　손톱깎이·못뽑이·병따개·연탄집게 등은 모두 이것의 원리를 이용한 것입니다.

　이것을 무엇이라 하지요?

정답 　 지레

작은 힘으로 무거운 물체를 들어올리는 장치

두레박·국기 게양대·기중기(무거운 물건을 들어올리거나 이동시키는 기계) 등 작은 힘으로 무거운 물체를 끌어올리는 경우에 쓰입니다.

홈을 판 바퀴 둘레에 줄을 걸어, 이것을 돌려서 물건을 움직이는 장치입니다.

이것을 무엇이라고 하나요?

정답 도르래

물질이 액체에 녹는 현상

이것은 물질이 액체에 녹는 현상을 말합니다. 이때 녹은 물질을 용질이라고 하고, 용질을 녹이는 액체를 용매라 하며, 용질이 용매에 녹아서 생긴 물질을 용액이라고 합니다.

이 현상을 무엇이라고 하나요?

정답 용해

어떤 용질이 용매에 녹아 있을 때, 그 용액 중에 얼마의 용질이 녹아 있는가를 나타낸 것을 용해도라 합니다. 용해도는 온도를 높일수록 커지며 물질에 따라 다르게 나타납니다.

엄마가 옷장 속에 넣어 둔답니다

집에서 엄마가 냄새를 방지하고 벌레를 막아주기 위해 화장실이나 옷장 속에 넣어 두는 하얀 알약처럼 생긴 것을 본 적이 있는지요?

이것은 광택을 가진 비늘 모양의 흰색 또는 색깔이 없는 알맹이로 독특한 냄새가 나며, 물에는 녹지 않지만 알코올과 에테르에는 녹습니다.

물감의 원료로도 쓰이는 이것은 실온에서 기체로 변하는 성질이 있습니다. 그래서 공기 중에 있는 이것이 저절로 없어지는 것처럼 보이기도 합니다.

이것은 무엇일까요?

정답 🌑 나프탈렌

대개 고체는 액체가 된 다음에 기체로 변하지만, 나프탈렌은 액체가 되지 않고 바로 기체가 됩니다. 이런 현상을 '승화'라고 합니다.

물고기가 숨을 쉴 수 있는 이유

이것은 빗살 모양으로 가느다란 핏줄이 많이 모여 있어 붉은 색을 띠며, 물 속에 사는 동물에서 볼 수 있는 호흡 기관입니다.

육지에 사는 동물들은 허파로 숨을 쉬지만 물 속에 사는 동물의 대부분은 이것을 통해 물 속에 녹아 있는 산소를 걸러 내어 숨을 쉽니다.

이러한 호흡 기관을 무엇이라고 하나요?

정답 🐾 아가미

공기 중의 수증기가 모여서 생긴 작은 물방울

이것은 지면 근처에서 공기 중의 수증기가 응결한 작은 물방울의 모임입니다.

지표면 근처의 어느 두께까지의 공기 층이 이슬점 이하로 온도가 낮아지면 공기 중의 수증기가 모여서 이것이 생기게 됩니다.

이것은 무엇인가요?

정답 🐢 이슬

일정한 양의 수증기를 포함하는 공기의 온도가 낮아지면 포함할 수 있는 수증기의 양이 적어져서 물방울이 맺히기 시작하는데, 이때의 온도를 이슬점이라고 합니다.

안개와 사촌이랍니다

　이것은 공기 중에 포함되어 있던 수증기가 찬 물체에 닿아 식어서 작은 물방울이 되어 엉겨붙은 것입니다.
　땅의 표면에 있는 물체는 공기보다 빨리 식기 때문에 그 물체의 표면에 공기 중의 수증기가 닿아 물방울이 된 것을 말합니다.
　이것은 무엇일까요?

정답 　이슬

　　이슬과 안개는 모두 작은 물방울이지만 이슬은 땅의 표면에 있는 물체에 수증기가 엉겨 붙어서 된 물방울이고, 안개는 찬 공기와 더운 공기가 만나 공기 중에서 된 물방울입니다.

하늘에 두둥실 떠 있는 얼음 알갱이

일정한 온도의 공기가 포함할 수 있는 수증기의 양은 한정되어 있기 때문에 수증기를 많이 가진 공기가 위로 올라가면서 온도가 낮아질 때 수증기의 일부가 식어서 작은 물방울이나 얼음 알갱이가 됩니다. 이것이 바로 구름입니다. 다음 중 구름이 생기는 원인이 아닌 것은 어떤 것일까요?

① 공기가 산을 타고 오를 때
② 기압이 낮은 곳으로 공기가 모일 때
③ 더운 공기가 밀어 닥칠 때
④ 햇볕이 지면을 뜨겁게 쬘 때 데워진 공기에 의해서

정답 ③ 더운 공기가 밀어 닥칠 때
찬 공기가 닥칠 때 구름이 생깁니다.

태양계의 가족

태양을 중심으로 하여 그 둘레를 돌고 있는 행성·소행성·위성·혜성·유성 등을 통틀어 태양계라고 합니다.

태양계에는 수성·금성·지구·화성·목성·토성·천왕성·해왕성·명왕성이 차례로 타원을 그리며 태양의 주위를 돌고 있습니다. 다음은 어느 별에 대한 설명입니다.

이 별의 이름은 무엇인가요?

지구보다 조금 작은 행성으로, 자전 주기는 약 243일이며 공전 주기는 약 255일입니다. 두꺼운 대기로 둘러싸여 있으며 지구와 가장 비슷한 별입니다. '샛별'이라고도 불리지요.

① 수성　　② 화성　　③ 목성　　④ 금성

정답 　④ 금성

음악의 3요소

음악은 음의 짜임으로 이루어지며, 그 짜임은 리듬·가락·화성으로 만들어지는 데 이것을 음악의 3요소라고 합니다.

다음은 음악의 3요소 중 무엇에 관한 설명일까요?

높이가 다른 2개 이상의 음이 동시에 울리는 것을 화음이라고 하는데, 그 화음을 일정한 규칙에 따라 차례로 진행시켜 가는 상태를 말함.

정답 화성

80

지구의 운동

지구는 하루에 한 바퀴씩 북극성을 중심으로 하여 서쪽에서 동쪽으로 돌고 있습니다.

지구의 이러한 운동에 의해서 낮과 밤이 생깁니다. 태양이 동쪽에서 떠서 서쪽으로 지는 것처럼 보이는 것도 사실은 지구가 서쪽에서 동쪽으로 움직이기 때문입니다.

이러한 지구의 운동을 무엇이라고 하나요?

정답 ❀ 자전

지구가 자전하는데 걸리는 시간은 약 23시간 56분 4초로, 하루(24시간)보다 약 4분 가량 빠릅니다.

춥지만 천연 자원이 풍부해요

러시아 아시아부의 주요 부분을 차지하는 지역으로, 서쪽의 우랄 산맥에서 동쪽의 태평양 연안까지를 포함하는 매우 넓은 지역을 말합니다.

이 지역은 그 면적이 러시아 전체의 약 57%를 차지하고 있으며, 인구는 약 3,100만 명으로 러시아 인구의 11%에 해당됩니다.

러시아의 삼림 축적량의 75%가 이 지역을 이루고 있으며, 대규모의 목재 콤비나트가 자리잡고 있는 곳입니다.

이 지역의 남부는 러시아의 대표적인 곡창지대이기도 하며, 풍부한 천연 자원을 가지고 있어 앞으로 러시아의 경제 발전에 큰 몫을 차지할 것으로 보이는 곳입니다. 이 곳을 무엇이라고 부르나요?

정답 🐾 시베리아

우리 고유의 민속 명절

우리 나라에는 조상들로부터 전해 내려오는 명절이 있습니다. 이러한 날은 음력으로 전해져 오며, 각각의 명절에는 그 나름대로 독특한 행사와 놀이가 전해지고 있습니다.

다음 중 우리 나라의 대표적인 4대 명절에 속하지 않는 것은 무엇일까요?

① 설   ② 단오   ③ 추석   ④ 정월 대보름

정답 ④ 정월 대보름

4대 명절에는 한식이 포함됩니다.

남과 북을 갈라 놓은 국경 아닌 국경선

1945년 8월 15일 우리 나라는 해방을 맞이하였지만 강대국에 의해 남과 북으로 갈라지고 말았습니다.

3년여의 6·25 전쟁을 끝내고 1953년 7월 27일 휴전이 성립되면서 남·북을 가르는 군사 분계선이 생기게 되었습니다.

이 선을 중심으로 하여 남과 북으로 각각 2km씩 비무장 지대가 설치되었고, 전쟁이 끝난지 40여년이 지나도록 우리의 국토는 둘로 나누어져 있습니다.

오늘날 국경 아닌 국경선이 되어버린 이 군사분계선을 다른 말로 무어라고 하는지요?

정답 휴전선

서로 도우며 사는 미풍양속

우리 나라에서 오랜 옛날부터 가장 널리 행해진 미풍 양속 중의 하나를 뜻하는 것으로서, 서로 힘드는 일을 거들어 주는 농업 활동을 말합니다.

대개 소수의 농민들 사이에 노동력을 제공하여 이루어지는 공동 작업을 뜻하는데, 이러한 것을 무엇이라고 부르나요?

정답 🐱 품앗이

품은 '힘 · 수고'라는 뜻이고, 앗이는 '주고받다'라는 뜻입니다.

신화 속 여전사족의 이름을 딴 강

이 강은 남아메리카 대륙의 안데스 산맥에서 시작하여 적도 부근을 따라 동쪽으로 대서양에 이르는 드넓은 지역을 흐르는 강입니다. 아프리카의 나일 강보다는 조금 짧지만 그 면적에 있어서는 단연 세계 제일입니다.

1541년 프란시스코 데 오렐라냐라는 사람에 의해 세상에 알려지게 되었는데, 이 사람이 탐험 도중에 살갗이 흰 여전사의 무리로부터 공격을 받았다고 합니다. 그 여전사의 무리가 그리스 신화에 나오는 여전사족과 닮았다고 하여 강의 이름을 신화 속의 여전사족 이름에서 따다 붙였다고 합니다.

이 강의 이름은 무엇인가요?

정답 🐾. 아마존 강

어린이를 위한 국제기구

이 기구는 전쟁으로 피해를 입은 나라의 어린이들을 기아·질병·무지로부터 구호하기 위해 국제연합이 창설한 것입니다.

이 기구는 제3세계 어린이들의 생활과 교육·위생 상태의 개선을 목표로 하고, 개발도상국에 대해 원조 활동을 하며, 어린이의 기본적 권리를 높여 주는 일을 하고 있습니다.

굶주림에 시달리는 아프리카, 레바논 내전, 캄보디아 내전 등에 원조 활동을 벌이고 있으며, 1965년에 노벨 평화상을 수상하기도 하였습니다.

이 기구의 이름은 무엇인가요?

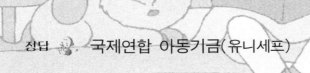

정답 🐱 국제연합 아동기금(유니세프)

자유롭고 즉흥적인 선율

전라도 지방의 굿이나 토속 신앙을 모시는 민속 의식 음악에서 발달된 것으로, 여러 사람이 각각 다른 종류의 악기로 서로 다른 가락을 연주하는 향토 음악입니다.

합주는 향피리·대금·해금·아쟁·장구·징·가야 금·거문고로 연주되며, 다음과 같은 특성을 지니는 음악입니다.

즉, 특별한 형식이나 악곡이 길이가 없고 장단의 구성이 매우 단순합니다.

그리고 각 악기가 자유분방하게 즉흥적인 선율로 이어져 나가며, 소리나 음색의 어우러짐이 조화되지 않는 듯하면서도 조화를 이루는 음악입니다.

이런 음악을 무엇이라 하나요?

정답  시나위

멀리 있는 친구에게 소식을 전해주지요

이것은 1840년 영국에서 처음 사용하기 시작했으며, 우리 나라에서는 1844년에 발행되었으나 실제로 사용하게 된 것은 통신국이 설치된 1895년부터입니다.

각 나라마다 그 나라의 특징이 잘 나타나 있는 풍경이나 인물·풍속·동물·식물 등을 도안하여 쓰고 있으므로 문화적인 의미도 크다고 볼 수 있습니다.

편지나 소포를 부칠 때 겉봉투에 붙여야 하는데, 이것을 붙이면 우체국을 통하여 소식을 전할 수 있게 되지요.

이것은 무엇일까요?

정답 🐱 우표

나라를 대표하는 국가의 원수

대통령은 국가의 원수로서 외국에 대해 국가를 대표하고, 행정부의 수반으로서 행정에 관한 최고의 권한을 가집니다.

또한 국가의 독립을 유지하고, 영토를 보전하며, 국가를 지속시키고, 헌법을 지킬 책임과 조국의 평화적 통일을 위해서 성실히 일할 의무가 있습니다.

다음 중 대통령의 권한이 아닌 것은 무엇일까요?

① 필요할 경우 국민 투표를 실시
② 국가 비상 사태시 계엄령 선포
③ 외국과의 조약을 체결·비준
④ 법률을 제정·개정

정답 ④ 법률을 제정·개정
이것은 국회에서 하는 일입니다.

똑같은 작품을 여러 장 찍어낼 수 있는 그림

이것은 나무나 석고, 구리, 고무 등의 판에 그림을 새기고 그 위에 물감·잉크·먹 등을 묻혀서 헝겊이나 종이에 찍어낸 그림입니다.

이것은 판에 의해서 표현되기 때문에 단순하면서도 명쾌한 느낌을 줍니다. 그리고 판의 재질에 따라서 그 느낌이 달라지며, 똑같은 그림을 여러 장 찍어 낼 수 있는 장점이 있습니다.

이러한 그림을 무엇이라고 하나요?

정답 🐾 판화

판화는 만드는 방법에 따라서 볼록 판화·오목 판화·공판화·평판화로 구분됩니다.

호흡기를 통하여 전염되는 병

병을 일으키는 병원체가 어떤 생물체에 옮아들어 감염시키는 모든 병을 통틀어 전염병이라고 합니다.

전염병은 호흡기·소화기·피부나 벌레 등에 의하여 감염됩니다.

다음은 소화기를 통하여 전염되는 병 중의 하나를 설명한 것입니다. 이 병의 이름은 무엇인가요?

바이러스의 감염에 의해서 일어나는 급성 발진성 전염병으로서, 제 2종 전염병의 하나이며 옛부터 거의 모든 사람이 일생에 한 번은 걸리는 심한 전염병으로 알려져 있습니다.

증세는 열이 나고 발진이 생기는데, 처음에는 조그마한 붉은 점이 점점 커지고 많아지면서 출혈이 나고 검게 됩니다. 그러다가 약 5일 정도 지나면 발진이 점점 수그러들어 얇게 껍질이 벗겨지면서 없어집니다.

정답 홍역

92

신나게 눈 위를 달려 보자

이것은 폭 10cm, 길이 2m 가량으로, 처음에는 나무로 만들었으나 최근에는 플라스틱·합판·금속 등으로 만든 것을 많이 씁니다.

원래 사냥을 하거나 눈 위를 다니는 교통 수단으로 사용되었던 것인데, 점차 운동 종목으로 발전하여 1924년 제1회 동계 올림픽 대회부터 정식 경기 종목으로 채택되었습니다.

눈 위에서 미끄럼을 타기 위해 두 발에 신는 도구를 말하며, 또 이것을 사용하여 하는 운동도 뜻합니다.

이것은 무엇인가요?

정답 스키

푸른 꿈을 안고 하늘 높이 날아라

종이에 댓가지를 엇맞추어 붙이고 실로 벌이줄을 매어서 공중에 날리는 장난감으로서, 좌우의 균형을 잘 맞추어야 하고 꼬리를 달 때에도 주의를 기울여야 합니다. 곧 꼬리를 1개만 달면 빨리 올라가기는 하지만 흔들려서 불안정하고, 2개를 달면 올라가는 것은 느리지만 안정되기 때문입니다.

추운 겨울날 언덕에 서서 누가 높이 날리는가, 또 재주를 잘 부리는 것은 누구의 것인가, 누구의 줄이 가장 튼튼한가를 겨루던 놀이 기구를 무엇이라고 하나요?

정답 💮 연

으랏차차 힘겨루기

옛부터 명절 날 민속 놀이의 하나로 행해졌으며, 특히 단오와 추석 때 널리 행해졌는데, 상으로 황소를 주었습니다.

이것은 우리 나라 고유의 운동으로, 두 사람이 샅바나 띠를 허벅다리에 걸어 서로 맞잡고 힘과 기술로 상대방을 먼저 넘어뜨리는 사람이 이기는 경기입니다.

이것은 원래 원시 사회에서 살아남기 위하여 필요했던 낚아채기, 넘어뜨리기 기술 등에서 비롯되었으며, 고구려 각저총의 벽화나 중국 「후한서」의 기록을 통하여 오래 전부터 이것이 행해졌음을 알 수 있습니다.

이 운동을 무엇이라고 하나요?

정답 씨름

근대 철학의 아버지

이 사람은 독일의 대표적인 철학자의 한 사람으로, 독일의 관념론을 창시하고 근대 철학을 완성한 아버지로 불리우고 있습니다.

쾨니히스베르크 대학에서 철학·신학·물리학·수학을 공부하고, 후에 이 대학의 교수가 되었습니다.

1781년에 「순수 이성 비판」이라는 책을 발표하여 그 이름이 세상에 널리 알려졌습니다. 그는 평생 독신으로 학문 연구에 몰두했으며, 시계처럼 규칙적이고 모범적인 생활 태도로도 유명합니다.

저서로는 「실천 이성 비판」·「판단력 비판」·「영구 평화론」 등이 있습니다.

그는 누구일까요?

 정답 칸트

기압을 측정하는 기구

지구상의 공기가 지구를 내리누르는 힘을 기압이라고 합니다.

이 기압을 측정하는 기구의 하나로서, 진공으로 된 둥글고 얇은 깡통 모양이며, 물결처럼 생긴 뚜껑이 기압의 변화에 따라 부풀거나 오므라들도록 만들어졌습니다. 그래서 기압이 변화함에 따라 움직임이 생기면 여기에 연결된 지레에 의하여 눈금을 가리키는 바늘로 기압을 나타내게 됩니다.

이러한 기압계의 이름은 무엇일까요?

정답 🐾 아네로이드 기압계
이밖에 수은 기압계·자기 기압계 등이 있습니다.

씨를 만드는 중요한 기관

식물은 꽃·잎·줄기·뿌리로 이루어져 있으며, 종류에 따라 각 부분의 생김새와 모양이 다릅니다.

꽃은 잎이 변해서 된 것으로 자손을 퍼뜨리기 위하여 씨를 만드는 중요한 기관입니다.

꽃의 모양은 가장 바깥쪽에 꽃받침이 있고, 그 안쪽에 꽃잎이 있습니다. 그리고 꽃잎의 안쪽에 수술이 있고, 그 한가운데에 암술이 있습니다.

그러면 꽃잎의 겉을 싸고 있어 꽃을 보호하는 역할을 하며, 꽃잎과 같은 수로 되어 있는 것을 무엇이라고 하나요?

정답 꽃받침

몸의 겉을 싸고 있는 껍질

이것은 동물의 몸의 겉을 싸고 있는 껍질을 말하는 것으로, 표피·진피·피하조직으로 구분됩니다.

이것은 체온을 조절하고 몸 안에 있는 수분의 증발을 막아주며, 병원균이나 직사광선 등으로부터 몸을 보호해 주는 역할을 합니다.

이것에는 찬 것, 더운 것, 아픈 것, 누르는 것을 느끼는 감각점이라는 세포가 있어서, 이것을 자극하면 감각을 느끼게 됩니다. 또 표피에는 멜라닌이라는 색소가 있는데, 이것의 많고 적음에 따라 색깔이 달라집니다.

이것은 무엇일까요?

정답 🐾 피부

백인은 피부에 멜라닌 색소가 적어서 희고, 흑인은 많기 때문에 검은 것입니다.

태양의 둘레를 도는 운동

지구는 일 년에 한 바퀴씩 태양의 둘레를 도는데, 지구가 이러한 운동을 함으로써 계절이 생기고 계절마다 보이는 별자리가 달라집니다. 그리고 밤과 낮의 길이·태양의 높낮이·해돋이와 해지기의 시각·해돋이와 해지기의 위치도 변합니다.

지구의 이러한 운동을 무엇이라고 부르지요?

정답 공전

지구가 한 번 공전하는데 걸리는 시간은 365일 5시간 48분 46초입니다.

일원상(○)의 진리

이 종교는 일본이 우리 나라를 지배하고 있을 때 박중빈이라는 사람이 불교를 바탕으로 하여 세운 민족 종교입니다.

부처가 아닌 우주의 근본 원리인 일원상(○으로 표현)의 진리를 신앙의 대상과 수행의 표본으로 삼았으며, 간척 사업과 저축 운동을 펴고 우리 민족에게 희망과 용기를 주는데 힘쓰는 등 일본의 지배 아래 괴로움을 겪고 있던 여러 사람들에게 정신적인 도움을 주었습니다.

오늘날에도 이 종교는 교육 및 자선 사업을 하고 있으며, 특히 흰 저고리에 까만 치마를 입은 '정녀'들의 활발한 사회 봉사 활동은 해외에까지 알려져 있습니다. 이 종교를 무엇이라고 하나요?

정답 ❀ 원불교

전통적인 방법으로 만든 종이

　종이를 만드는 기술은 중국에서 만들어져 우리 나라로 전해졌는데, 우리 나라에 들어온 이후 고려 시대에서 조선 시대를 거치며 더욱 발전하였습니다. 우리 나라에서 만든 종이를 중국에서 수입해 갈 정도였으니까요.

　이 종이는 닥나무 껍질을 원료로 하여 만드는데, 큰 가마솥에 넣고 쪄서 껍질을 벗겨 말리는 등 여러 번의 공정 과정을 거치게 됩니다.

　옛날부터 내려오는 전통적인 방법으로 만든 이 종이를 창호지 또는 조선 종이라고도 부릅니다.

　이 종이의 이름은 무엇일까요?

정답  한지

탈을 쓰고 춤추는 전통적인 종합 예술

이 놀이는 바가지·종이 따위로 만든 탈을 쓴 광대들이 소매가 긴 옷을 입고 음악에 맞춰 춤을 추며 몸짓과 대사로 줄거리를 엮어나가는 것을 말합니다.

이 놀이의 내용으로는 불교의 계율을 어긴 파계승에 대한 풍자, 양반에 대한 모욕과 조소, 남녀간의 사랑과 갈등, 서민들의 어려운 생활 등이 다루어집니다.

이 놀이는 봉산 탈춤이나 오광대 놀이보다 형식미를 갖추고 있는 것이 특징이랍니다.

이 놀이를 무엇이라고 하나요?

정답 　 산대놀이

　　양주 별산대놀이·송파 산대놀이 등은 지금까지도 전해지고 있습니다.

공자의 가르침에서 비롯된 사상

이것은 인간의 도를 밝히고 도덕과 윤리를 바로 잡아 평화로운 세상을 이루고자 하는 사상으로, 공자의 가르침에서 비롯되었으며, 맹자에 의해 더욱 발전해졌습니다.

우리 나라에는 고구려 소수림왕 때 전해졌다고 하며, 고려 말부터 발전하기 시작하여 조선 시대에 이르러 이황과 이이(율곡)에 의해 우리 나라만의 유학으로 완성되었습니다.

이것은 하나의 종교라기보다는 개인의 인격을 닦아 나라를 다스리는 학문의 하나이며, 다른 종교처럼 신을 믿는 것이 아니라는 것이 특징입니다.

오늘날 우리의 생활 속에는 웃어른을 공경하는 예절, 제사를 지내는 예절, 세배하는 풍습 등 이것의 전통과 풍습이 많이 남아 있습니다.

이것은 무엇일까요?

정답  유교(유학)

탄성을 이용하여 무게를 재는 것

    용수철에 힘을 가하면 길이가 늘어나는데, 이러한 현상은 용수철뿐만 아니라 고무줄 등 탄성(외부로부터 힘을 받아 모양이 달라진 물체가 그 힘이 없어지면 다시 본래의 모양으로 돌아가려는 성질)체가 가지고 있는 일반적인 성질입니다.

    이러한 용수철의 탄성을 이용하여 물체의 무게를 재는 것이 무엇일까요?

정답   용수철 저울

용질을 녹이는 액체

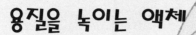

 어떤 물질이 눈에 보이지 않을 만큼 작은 알갱이로 되어 액체 속에 녹아 있는 상태를 용액이라 하며, 그 용액의 진한 정도를 농도라고 합니다.

 소금이나 설탕을 물에 넣고 녹이면 알갱이는 보이지 않게 되고 본래의 물과 다름없어 보입니다. 이것은 소금이나 설탕이 작은 알갱이가 되어 물 속에 녹아 있기 때문입니다. 이때 소금·설탕과 같은 물질을 용질이라 하는데, 물은 무엇이라고 하나요?

정답 🐾 용매

고기압의 종류

주위보다 기압이 높은 것을 고기압이라고 합니다. 고기압은 생기는 장소와 성질에 따라 몇 가지로 나누어집니다.

겨울철 차가운 지표면에 접한 공기가 냉각돼 쌓여 생긴 고기압으로서 시베리아 고기압·대륙성 고기압이라고 불리우며, 우리 나라 겨울철 일기에 큰 영향을 미치는 것을 무엇이라 하나요?

정답  한랭 고기압

신맛이 나요

신맛이 나고 푸른 리트머스 종이를 붉게 변화시키는 성질을 가진 용액을 말하는데, 귤·사과 등의 과즙과 신 김치·식초, 실험용 약품으로 쓰이는 황산·질산·탄산, 그리고 벌이나 개미의 독 속에도 들어있습니다.

이 용액은 페놀프탈레인 용액의 색깔은 변화시키지 않으나 메탈 오렌지를 붉게, 비티비(BTB) 용액을 노란 색으로 변화시킵니다.

이 용액은 무슨 용액인가요?

정답 ✎ 산성 용액

쓴맛이 나고 미끈거려요

대체로 쓴맛이 나고 붉은 리트머스 종이를 푸르게 변화시키는 용액으로 만지면 미끈미끈한 촉감이 느껴집니다.

이 용액으로는 비눗물·탄산 수소 나트륨 수용액·암모니아 수·탄산나트륨이 있습니다.

이 용액은 페놀프탈레인 용액을 붉은 색으로, 메탈 오렌지를 노란 색으로, 비티비(BTB) 용액을 푸른 색으로 변화시킵니다.

이 용액은 무슨 용액일까요?

정답 🐾 염기성 용액

벌에 쏘였을 때 암모니아수를 발라요

산성 용액에 염기성 용액을 조금씩 넣거나, 염기성 용액에 산성 용액을 조금씩 넣으면, 점차 산성도 아니고 염기성도 아닌 중성 용액이 됩니다.

즉, 산성인 묽은 염산에 같은 양의 염기성 용액인 수산화나트륨을 넣으면, 물과 염화나트륨(소금)이 생깁니다.

이와 같이 산과 염기가 반응하여 양쪽 모두의 성질을 잃는 것을 말하는데, 벌에 쏘였을 때 암모니아수를 바르면 낫는 것도 이러한 성질을 이용한 것입니다.

이러한 작용을 무엇이라 하나요?

정답 중화 반응

글을 쓰는 재료

　우리가 맛있게 먹는 된장찌개에는 된장뿐 아니라 두부, 호박, 고추 등 여러 가지 재료가 들어갑니다. 글을 쓸 때에도 마찬가지입니다. 일기를 쓸 때 오늘은 어떤 일을 쓸까 생각을 하게 되지요? 그러면 즐거웠거나 슬펐던 일, 화가 났던 일, 깜짝 놀랐던 일, 억울했던 일, 무언가를 생각한 일 등 여러 가지가 떠오를 것입니다. 이러한 것들이 바로 글을 쓰는 재료가 되는 것이지요.

　이와 같이 글을 쓰는 재료가 되는 것을 무엇이라고 하나요?

정답 ◆ 글감

백제 시대의 왕릉

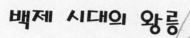

이 능은 웅진 시대(공주 시대)에 만들어진 무덤으로 연꽃 무늬의 벽돌로 된 전축분인데, 1971년 7월 8일 충청남도 공주의 금성동에서 소나무 숲으로 덮여 있다가 발굴되었습니다.

이 속에서는 금제 장식, 청동제품, 자기 등 2,900여 점이나 되는 많은 유물이 발견되었습니다.

이 능은 여러 왕릉 중에서는 드물게 연대와 왕명이 명확하게 밝혀져 백제의 문화를 밝히는데 귀중한 자료가 되고 있습니다.

이 능의 이름은 무엇일까요?

정답 🐾 무령왕릉(백제 제25대 임금)

원효 대사가 머물렀던 신라의 사찰

이 절은 신라 선덕여왕 3년(634)에 세워졌습니다. 경상 북도 경주시 구황동에 있는 절로 원효가 머물면서 「화엄경소」를 쓰고 법성종을 창시한 곳이기도 합니다.

또한 신라의 유명한 화가인 솔거가 그린 관음보살상이 있으며, 경덕왕 14년(755)에 명장 강고내말이 구리 약 180톤을 들여 만든 거대한 약사여래상이 있었으나 아쉽게도 임진왜란 때 소실되었다고 합니다.

현재 국보 제30호로 지정된 석탑을 비롯하여 화쟁국사비 귀부·돌우물·석조 등의 문화재가 남아 있으며 절 밖에는 당간지주가 있습니다.

이 절의 이름은 무엇일까요?

정답 : 분황사

삼국 통일을 이끈 맹장

금관가야를 세운 김수로왕의 12대 손으로 신라의 삼국 통일에 큰 공을 세운 장군입니다.

그는 15세에 화랑이 되었고, 629년에는 아버지와 함께 고구려 낭비성을 공격하여 적장의 목을 베었습니다. 결국 그의 용감함에 사기가 오른 신라군은 승리를 거두게 되었습니다.

그 후 상장군이 되어 백제에 빼앗겼던 7성을 되찾고, 비담과 연종이 일으킨 반란도 진압하였습니다.

660년에 상대등이 되었고, 당 나라의 소정방이 이끄는 군사와 연합하여 백제를 멸망시키고, 나·당 연합군의 총사령관이 되었습니다.

그는 누구일까요?

정답 🐾 김유신

조선 시대의 초등 교육 기관

이것은 지방 양반의 자손이나 서민 자제들을 위한 초등 교육 기관이었습니다.

재산이 많거나 나라의 허락을 받아야 하는 것이 아니었으므로 학문이 깊은 사람은 누구나 어린이들을 가르칠 수 있었습니다. 즉, 개인이나 마을에서 자체적으로 세운 사설 교육 기관이었으며, 훈장·접장·생도로 조직되어 있었습니다.

훈장은 선생님이고, 접장은 나이가 많고 우수한 학생으로 학생들의 대표자입니다. 그리고 생도는 오늘날의 학생을 말합니다.

주로 읽기·쓰기·짓기 등을 가르쳤는데, 문장을 외우고 뜻을 풀이하며 글씨를 쓰는 방법으로 공부했습니다. 유교에 대한 기초 지식도 가르쳤는데, 그 교재로 「천자문」·「동몽선습」·「명심보감」·「격몽요결」·「소학」 등을 사용하였습니다.

이것을 무엇이라 하나요?

정답 서당

위대한 업적을 남긴 성군

조선의 제4대 임금으로, 형 대신 왕세자가 되어 태종의 뒤를 잇는 임금이 되었습니다.

집현전에 훌륭한 학자들을 많이 모아 그들로 하여금 훈민정음을 창제하는데 참여시키고, 「월인천강지곡」·「삼강행실도」·「효행록」·「오례의」·「농사직설」·「팔도지리지」 등 많은 책을 편찬하였습니다.

또 측우기·해시계 등의 과학 기기들을 만들어 천문을 관측하고, 아악을 정리하였으며, 불교 사원을 엄격히 통제하였습니다.

그리고 영토를 넓히는데도 힘을 써서 북쪽으로 6진과 4군을 설치해 여진족을 막고, 남쪽으로 쓰시마 섬을 정벌하여 왜적의 침입을 막았습니다. 그는 정치·문화에 위대한 업적을 남긴 우리 나라 역사상 가장 뛰어난 성군이었습니다.

그는 누구일까요?

정답 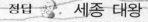 세종 대왕

민족 문화 창달을 위해 설립

이 연구원은 1978년 6월 30일 설립되었으며, 1980년 3월에는 부설 교육 기관으로 대학원을 설치하였습니다.

한국 문화 및 한국학의 여러 분야에 관한 연구와 교육을 통해서 민족 문화 창달에 기여하기 위해 세워졌으며, 각종 사무를 담당하는 기획처와 철학·어문·예술·역사의 4개 연구실로 구성된 인문 과학 연구부, 사회·민속, 정치·경제, 교육·윤리의 3개 연구실로 구성된 사회 과학 연구부로 구성되어 있습니다.

그리고 30여만 권의 책이 있는 도서관에서는 한국 고전 자료의 체계적인 연구를 담당하고 있습니다.

그동안 「한국 민족 문화 대백과 사전」을 비롯하여 많은 종류의 책을 펴냈습니다. 이 기관을 무엇이라 하나요?

정답 🐾 한국 정신 문화 연구원

독특한 필법의 조선 시대 화가

그는 조선 시대 숙종 2년에서 영조 35년까지의 화가로서, 호는 겸재라고 합니다.

처음에는 중국의 남화를 그렸으나, 후에는 이전과 달리 우리 나라 자연의 특징을 독특한 필법으로 그렸습니다.

그림에서 가까이 보이는 경치는 위에서 아래를 바라보는 듯이 그리고, 멀리 보이는 경치는 아래에서 위를 바라보는 듯이 그리고 있습니다. 또한 가까운 곳은 짙게, 중간 지점은 부드럽게, 먼 곳은 다시 진하게 그려 먹의 특징인 농담에 변화를 주고 있습니다.

그는 우리 나라의 여러 곳을 돌아다니며 그림을 그렸는데, 특히 금강산을 소재로 한 그림을 많이 그렸습니다.

그의 그림 중 가장 유명한 것은 <인왕제색도>인데, 이 그림은 인왕산의 모습을 그린 진경산수화로 매우 훌륭한 작품입니다.

그는 누구일까요?

정답 🐾 정선(1676~1759)

삼강과 오륜

유교의 가르침을 실천하기 위한 덕목으로 삼강과 오륜이 있습니다.

삼강이란, 부모는 자식을 사랑하고 자식은 부모를 공경하며 받들어 모시는 도리(부위자강), 임금은 신하를 아끼고 신하는 임금에게 충성을 다하는 도리(군위신강), 남편은 아내를 잘 보살피고 아내는 남편을 잘 받드는 도리(부위부강)를 말합니다.

오륜은, 부모와 자식 사이에는 서로 친밀하게 사랑하는 마음으로 대해야 하는 도리(부자유친) 등 5개의 덕목이 있습니다.

다음 중 오륜의 덕목에 속하지 않는 것은 무엇일까요?

① 군신유의　　　② 임전무퇴
③ 장유유서　　　④ 붕우유신

정답 ② 임전무퇴

이것은 화랑도의 세속오계 중 하나입니다.

※오륜의 덕목을 설명하면, 임금과 신하 사이에는 의리가 있어야 하며, 그 의리를 저버리면 안되는 도리(군신유의), 남편과 아내 사이에는 서로 지켜 주고 존중해 주어야 하는 도리(부부유별), 나이가 많은 사람과 적은 사람 사이에는 차례가 있는 도리(장유유서), 친구 사이에는 서로 믿음을 가져 야 하며 속이는 일이 없어야 하는 도리(붕우유 신), 그리고 먼저 설명한 부자유친이 있습니다.

가르침을 찾아 인도로 간 승려

신라의 승려인 그는 인도를 가기 위해 중국의 광저우로 먼저 갔습니다. 그곳에서 인도의 승려 '금강지'를 만나 그의 제자가 되었습니다. 불법에 관한 공부와 더불어 인도에 대한 공부를 하게 된 것이지요.

그 후 인도로 가서 불교 유적지를 찾아 여러 곳을 여행하였으며, 이 여행에서 보고 느낀 것을 기록하여 「왕오천축국전」이란 책을 썼습니다.

그는 계속하여 인도의 파미르 고원을 넘어 다시 당나라의 장안에 도착했습니다.

그리고 천복사에서 불교 경전을 번역하는 일을 하는 등 당나라에서 크게 이름을 떨쳤습니다.

그는 누구인가요?

정답 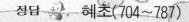 혜초(704~787)

멀리 인도를 둘러 본 여행기

이 책은 신라 성덕왕 때의 승려인 혜초가 고대 인도의 다섯 천축국은 10년 동안 여행한 위 당나라로 돌아와서 쓴 책으로, 모두 2권으로 되어있습니다.

이 책에는 당시의 인도와 서역에 관한 각종 종교와 풍속 등 문화에 관한 내용이 많이 기록되어 있습니다. 부처님의 유적이 황폐해져 있고, 절은 있으나 승려가 없는 곳이 있다는 기록도 있습니다. 또 어떤 절에는 승려가 3,000명이 넘는 곳도 있다고 하였고, 스승만 행하는 절이 있는가 하면 대승만 행하는 절이 있고 대·소승을 함께 행하는 절도 있다고 적혀 있습니다. 그 외에도 여러 가지 내용이 기록되어 있습니다.

이 책은 알려지지 않고 있다가 1908년 프랑스의 동양학자 펠리오에 의해 중국의 둔황굴에서 발견되어 세상에 알려지게 되었습니다.

이 책의 제목은 무엇일까요?

정답 🐌 왕오천축국전

구름이 적고 날씨가 좋아요

이것은 주위보다 기압이 높은 것을 말합니다. 건조하고 기온이 낮은 지방에서 많이 발생하며, 등압선(기압이 같은 곳을 이은 선)의 간격이 넓게 나타납니다. 바람은, 북반구에서는 시계 방향으로, 남반구에서는 시계 반대 방향으로 붑니다.

일기도에서 '고' 또는 'H'로 표시되는데, 주위에 하강 기류가 생겨서 온도가 올라가므로 구름이 적고 날씨가 좋습니다. 이와 같은 기상 상태를 무엇이라고 하나요?

정답  고기압

안개의 종류

　수증기를 많이 포함한 공기가 산비탈을 타고 올라갈 때 공기 중의 수증기가 식어서 된 안개를 산안개라고 합니다. 또 온도가 높을 때 강물에서 증발한 많은 수증기가 위의 찬 공기에 닿아 식어서 된 안개는 내안개라고 합니다. 그리고 맑은 날 밤, 지면 둘레의 공기가 식어서 된 안개는 밤안개라고 하지요.

　그러면 찬 공기가 따뜻한 수면 위를 통과하면서 증발한 수증기가 응결하여 된 안개는 무엇이라고 하나요?

정답 　증기안개

습도를 재는 기구

2개의 온도계를 사용하여 습도를 잴 수 있도록 만든 것으로, 하나는 보통 온도계(건구)이며 다른 하나는 젖은 헝겊으로 감온부(온도를 감지하는 부분)를 싼 온도계(습구)로 헝겊 끝을 물 속에 잠기게 하여 마르지 않게 한 것입니다.

물이 증발할 때에는 주위로부터 열을 빼앗아 달아나기 때문에 습구의 감온부는 항상 열을 빼앗겨 건구보다 온도가 낮습니다.

이 습도계로 습도를 잴 때에는 먼저 건구와 습구의 눈금을 읽고 그 차를 구한 다음, 습도표에 따라 그 때의 습도를 알아낼 수 있습니다.

이 습도계를 무슨 습도계라 하나요?

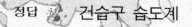

정답 　 건습구 습도계

기상 정보를 종합하여 일기도를 만듭니다

이 곳은 기온·기압·강수량·풍향·습도 등의 기상 변화와 지진·화산·지자기 등 지구상의 모든 지각 변화를 관측·조사·연구하여 예보하는 기관입니다.

이 곳에서는 각 측후소와 관측소에서 알려오는 기상 정보와 기상 위성에서 보내오는 하늘 위의 구름 모양이나 외국에서 들어오는 기상 정보를 종합하여 일기도를 만드는 이릉ㄹ 합니다. 일기도는 그 때의 일기를 종합적으로 나타내므로 계속 작성하여 보면 일기의 변화를 미리 알 수 있습니다.

이 곳에서 내는 일기 예보는 신문·라디오·텔레비전을 통하여 발표되며, 기상에 의한 재해가 일어날 것이 예상되면 주의보 또는 경보를 발령하기도 합니다. 이 곳은 무슨 기관일까요?

정답 🐤 기상청

식물의 잎

잎은 잎새、잎자루、턱잎의 세 부분으로 되어 있으며, 이 세 가지를 모두 갖춘 것을 완전잎이라 하고 어느 한 가지라도 없는 것을 불완전잎이라 합니다. 그리고 하나의 잎자루에 한 장의 잎이 붙어 있는 것을 홑잎, 잎몸이 몇 개의 작은 잎으로 갈라져 있는 것을 겹잎이라 합니다. 잎의 내부를 살펴보면 모든 세포가 푸른 색소를 가지고 있습니다. 이 색소는 햇빛과 공기 중에 있는 이산화탄소를 이용하여 녹말을 만드는데, 이때 만들어진 녹말은 뿌리나 열매로 저장되어 사람이나 짐승들의 먹이가 됩니다.

이와 같이 이산화탄소를 이용하여 녹말을 만드는 푸른 색소를 무엇이라고 하나요?

정답 🐾 엽록체

모양이 변한 잎

식물의 잎은 광합성에 의해 양분을 만들거나 몸속의 수분을 밖으로 내보내는 역할을 합니다. 그런데 그 중에는 특별한 작용을 하기 위해 모양이 변해 버리기도 합니다.

그 예로 작은 잎이나 떡잎이 덩굴손으로 변한 것이 있는데, 바로 완두콩 같은 것이 있습니다.

그러면 다음 중 식물의 잎이 다른 작용을 하기 위해 모양이 변한 것이 아닌 것은 무엇일까요?

① 떡잎   ② 바늘잎   ③ 비늘잎   ④ 벌레잡이잎

정답 ① 떡잎

바늘잎 : 잎이나 그 일부가 변해 가시로 된 것으로, 선인장과 아카시아가 있습니다.

비늘잎 : 잎이 두꺼운 비늘처럼 되어 양분을 저장하고 있는 것으로, 양파와 나리가 있습니다.

벌레잡이잎 : 벌레를 잡아 먹는 식물의 잎이 특별한 모양으로 된 것으로, 끈끈이주걱과 파리지옥이 있습니다.

학술상 보존한 가치가 큰 것

이것은 「문화재 보호법」에 의해 지정 된 동식물·광물·동굴 등을 가리키는 말로서, 한국의 자연을 이해하는 데 없어서는 안될 자연 및 자연 현상을 나타낸 것입니다.

「문화재 보호법」에서는 동물(서식지·번식지·도래지를 포함)·식물(자생지를 포함)·광물·동굴 등으로서 학술상 그 가치가 큰 것을 이것으로 지정하고 있습니다.

이것을 무엇이라고 하나요?

정답 🐾 천연 기념물

몸의 구석구석을 연결시키는 신경계

이것은 중추 신경계에서 갈라져 나온 신경으로 하얀 실 모양을 하고 있으며, 온몸에 퍼져 있습니다.

몸의 각 부분에서 외부의 자극을 접수하여 중추 신경에 전하고, 뇌나 척수의 명령을 근육이나 각 기관에 전하는 일을 합니다.

이것에는 뇌에서 나오는 12쌍의 뇌신경과 척수에서 나오는 31쌍의 척수 신경, 그리고 내장에 분포되어 있는 자율 신경이 있습니다.

이 신경계를 무엇이라고 하나요?

정답 🐾 말초 신경계

근육의 종류

우리의 몸은 약 650개 정도의 근육으로 이루어져 있는
데, 이 근육이 우리 몸무게의 절반 정도를 차지하고 있
습니다.

근육의 모양은 주로 가운데가 두껍고 볼록하며 양끝
은 가늘게 되어 있습니다.

우리 몸에 있는 대부분의 근육은 우리가 생각하는 대
로 움직일 수 있는 것이어서 맘대로 근(수의근)이라고
합니다. 이것은 매우 가는 근섬유가 가로로 수없이 늘어
서 있는 것으로서 횡문근이라고도 합니다.

이것을 다른 말로 무엇이라 하나요?

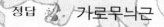

정답 ﹅ 가로무늬근

밤하늘에 빛나는 별자리

별자리의 이름은 수천년 전 서아시아의 티그리스 강과 유프라테스 강 유역에서 유목 생활을 하던 목동들에 의해 붙여진 것입니다.

현재 쓰이는 88개의 별자리 이름은 1922년에 각국의 천문학자들이 모여 정한 것입니다.

밤하늘의 별자리 중 서양에서는 날개 달린 말로 알려져 있으며, 반듯하고 큰 사각형의 모양을 하고 있는 것은 무엇일까요? 다음 중에서 찾아 보세요.

① 북극성
② 카시오페아 자리
③ 페가수스 자리
④ 안드로메다 자리

정답 ③ 페가수스 자리

지구에서 가장 가까운 항성

항성이란 스스로 빛을 내는 별을 말합니다. 지구에서 가장 가까운 거리에 있는 항성으로서 높은 온도로 타고 있는 거대한 가스 덩어리인 이 별은 지구에서 보면 둥근 공 모양으로, 코로나·홍염·채층·광구 등으로 구분됩니다.

이 별의 크기는 반지름이 약 70만km이며, 부피는 지구의 약 130만 배나 됩니다. 표면 온도는 약 6,000℃이며, 지구로부터 1억 5,000만km나 떨어져 있습니다.

녹색 식물은 이 별의 에너지를 이용하며 필요한 유기물을 만들며, 동물은 이 식물을 먹이로 취합니다. 즉, 생물이 살아갈 수 있는 것은 이 별의 열과 빛 때문이지요.

이 별은 무엇일까요?

정답 ☞ 태양

태양계의 행성

태양을 중심으로 타원을 그리며 태양의 주의를 돌고 있는 별들을 통틀어 태양계라고 하는데, 그 태양계의 크기는 1초에 30만km를 달리는 빛이 태양계의 지름 끝에서 반대쪽 끝까지 가는 데 약 11시간이 걸리는 정도라고 합니다.

이와 같은 태양계에서 지구의 바로 바깥쪽을 도는 행성이 있습니다. 이 행성은 태양으로부터 약 2억 3,000만 km 떨어진 거리에 있으며, 크기는 지구의 1/2이고 무게는 지구의 1/10 정도 됩니다. 자전 주기는 24시간 37분이며, 공전 주기는 687일입니다.

이 행성의 이름은 무엇일까요?

정답 🐣 화성

1930년에 발견된 행성으로 태양계 중에서 가장 긴 타원 궤도를 가지고 있습니다

질량은 지구의 1/500 정도이며, 자전 주기는 약 6일 9시간이고 공전 주기는 약 250년입니다.

이 별의 이름은 ?

정답  명왕성

근대 올림픽의 아버지

올림픽 대회는 평화를 사랑하는 세계의 젊은이들이 한자리에 모여 실력을 겨루는 지구촌 최대의 스포츠 행사로서 4년마다 한 번씩 열립니다.

올림픽 대회는 고대 그리스에서 열렸던 올림피아제를 부활시킨 것입니다. 그리스인들은 기원전 776년부터 4년마다 한 번씩 올림피아에서 제우스신에게 제사를 지낸 후 5일 동안 서로 평화를 지키자는 뜻에서 제전을 열었습니다. 이 제전은 393년까지, 1169년 동안 계속 되었다고 합니다.

그 후 1894년 이 사람이 중심이 되어 고대 올림픽을 다시 부활시킬 것을 결의하였고, 고대 올림픽의 개최지였던 그리스의 수도 아테네에서 제1회 근대 올림픽 대회(1896)가 마침내 열리게 되었습니다.

근대 올림픽 운동을 주도하여 오늘날과 같은 올림픽 경기대회가 열릴 수 있도록 크게 공헌한 이 사람은 근대 올림픽의 아버지로 불립니다.

이 사람은 누구인가요?

정답 쿠베르탱 남작

실사구시 사상의 실학자

이 사람은 조선 시대 실학자 중의 한 사람으로서, 박지원의 문하에서 실학을 연구하였으며, 이덕무·유득공·서구·등과 사귀었습니다. 영조 52년에 이들이 합작한 <건연집>이라는 시집이 청나라에 소개되면서 우리나라 시문 사대가의 한 사람으로 알려지게 되었습니다.

그 후 청나라로 가서 새로운 학문을 배우고 돌아와 실사구시(사실에 토대를 두어 진리를 탐구하는 일)의 사상을 토대로 <북학의>라는 책을 펴냈습니다.

그 밖에도 <명농초고>·<정유선고>·<유정집> 등 많은 책을 펴내기도 했습니다.

이 사람은 누구일까요?

정답 　 박제가

제 2 차 세계대전 회고록을 쓴 영국의 정치가

그는 영국의 정치가이며 문필가로서, 귀족의 아들로 태어나 육군 사관 학교를 졸업했습니다.

1900년 보수당의 하원 의원으로 당선되면서 정치의 길로 들어섰습니다.

제 2 차 세계 대전 당시에는 미국의 루스벨트 대통령과 함께 전쟁을 승리로 이끌었습니다.

그는 뛰어난 지도력과 웅변으로 국민들에게 용기와 자신감을 심어 주었으며, 자유를 사랑하고 영국의 안정과 명예를 지킨 지도자였습니다. 또한 그는 1948년부터 1950년까지 「제 2 차 세계 대전 회고록」 5권을 완성하여 노벨 문학상을 받기도 하였습니다. 그는 공산주의의 암흑 세계를 '철의 장막'이라고 일컬은 것으로도 유명합니다.

그는 누구일까요?

정답 처칠

나라의 기틀을 튼튼히 한 임금

조선 왕조 제 3 대 임금인 그는 태조 이성계의 다섯째 아들입니다.

고려 말 위화도 회군 후 아버지인 이성계가 실권을 잡자 그는 정몽주를 제거하여 신진 세력의 정치적 기반을 확고히 하는데 공을 세웠습니다.

왕위에 오른 후에는 정적을 가차없이 숙청했으며, 왕권의 강화를 위해 사병을 없애고 병권을 중앙에 집중시켰습니다. 또한 과거 제도를 정비하고 관제를 개편하여 중신들의 권력을 억제하였습니다. 그리고 양전 사업을 실시하여 국가의 수입을 늘렸으며, 호포를 폐지하여 백성의 부담을 줄였습니다.

이와 같이 여러 가지 개혁 정책을 펴서 국가의 기틀을 튼튼히 하고 재정을 충실하게 하여, 세종 때 국력을 키우고 찬란한 문화를 꽃 피울 수 있도록 기반을 닦아 주었습니다. 그는 누구인가요?

정답   태종

유대인의 나라

이 나라는 서남아시아의 팔레스타인에 있는 작은 공화국입니다.

지구상에서 유대인이 세운 유일한 나라로 지중해의 동쪽에 위치하며, 북쪽은 레바논, 동쪽은 요르단, 남쪽은 이집트 등 아랍 제국들에 둘러싸여 있습니다.

1967년 제3차 중동 전쟁 때 예루살렘을 비롯하여 요르단·시리아·이집트 등 가까이 있는 아랍 제국들의 영토 일부를 점령하여 이들 지역을 자기네 영토라고 주장하였습니다.

'신이 지배한다'는 뜻의 이 나라 이름은 원래 부족 동맹의 명칭이었으나 오늘날 이 이름은 전 민족을 가리키는 뜻으로 쓰이게 되었습니다.

이 나라는 어느 나라인가요?

정답 🐚 이스라엘

암살범의 총탄에 쓰러진 애국자

이 사람은 평생 동안 나라의 독립을 위해 애쓰다가 암살범의 총탄에 쓰러졌습니다.

황해도 해주에서 태어나 18세 때 동학 농민 운동에 참여 하였으며, 동학 농민 운동이 실패하자 만주로 들어가 의병 활동을 시작하였습니다.

일본인에게 죽음을 당한 명성 황후(민비)의 원수를 갚기 위해 귀국하여 일본군을 죽이고 붙잡혔다가 감옥을 탈출하였으며, 1911년 '105인 사건'으로 또 다시 체포되었다가 1914년에 풀려났습니다.

상하이로 망명한 후 무장 항일 운동을 전개했는데, 바로 이봉창·윤봉길 의사의 의거를 지휘하였습니다.

1939년에 임시 정부의 주석이 되었고 광복군을 조직하여 일본에 선전 포고를 하는 등 본격적인 항일 무력 투쟁을 이끌었습니다.

해방 후 귀국하여 통일을 위해 애썼으나 1949년 6월 26일 육군 소위 안두희에게 암살당하고 말았습니다. 저서로는 「백범일지」가 있습니다.

이 사람은 누구일까요?

정답 🐾 김구

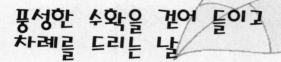

풍성한 수확을 걷어 들이고
차례를 드리는 날

이 날은 신라 시대 때 여자들이 두 편으로 나뉘어 한 달 동안 길쌈을 하여, 베를 적게 짠 편에서 음식을 장만하여 이긴 편에게 대접하며 춤과 노래를 즐겼던 '가배'에서 유래되었습니다.

음력 8월 15일로, 다른 말로는 '중추절' 또는 '한가위'라 부르기도 합니다.

이 날은 1년 동안 농사를 지어서 거둬들인 곡식으로 송편·햇과일·토란국 등을 장만하여 풍성한 수확에 감사하는 차례를 지내는 날입니다. 또한 음식을 장만하여 조상의 산소를 찾아 성묘를 하고 여러 사람이 어울려 민속놀이를 즐기는 날입니다.

이 날을 무엇이라고 하나요?

정답  추석

한가한 겨울철에 즐기던 민속놀이

작고 둥근 통나무 두 개를 반으로 쪼개어 네 쪽으로 만든 도구로 편을 갈라 승부를 겨루는 놀이입니다.

도(돼지)·개(개)·걸(양)·윷(소)·모(말)의 다섯 가지 등급으로 나누어, 농사일이 한가한 겨울철에 남녀노소 구별없이 즐기던 가장 보편적인 민속놀이입니다.

이 놀이를 무엇이라고 하나요?

정답 윷놀이

서아프리카 남동부에 있는 나라

서아프리카의 남동부에 있는 나라로서 동쪽으로는 카메룬, 서쪽은 베냉, 북쪽은 니제르에 접해 있고, 남쪽은 기니 만에 닿아 있습니다.

나라 이름은 검은 색을 뜻하는 '니그로'와 나이저 강에서 유래되었다고 합니다.

수도는 라고스이지만, 중앙부의 아자부에 새로운 수도의 건설이 진행되고 있습니다.

이 나라는 250여 부족으로 구성되어 있어 부족간의 다툼이 심하며, 공용어는 영어를 사용하나 부족의 수만큼 언어가 다양하여 각지의 텔레비전이나 라디오에서는 그 지방의 부족어가 사용되는 일도 있습니다.

대표적인 산업은 농업으로 취업 인구의 53%를 차지하며, 경작지로 국토의 3분의 1을 차지하고 있습니다. 그리고 북부 사바나 지대에서는 수수·조·쌀 등의 곡물이 생산되며, 목축도 이루어지고 있습니다.

이 나라의 이름은 무엇일까요?

① 이집트   ② 나이지리아
③ 수단   ④ 남아프리카 공화국

정답 ☞ ② 나이지리아

무대 위에서 펼쳐지는 종합예술

이것은 배우들이 무대에서 관객을 앞에 두고 대본에 따라 동작과 대사를 통해 어떤 사건이나 이야기를 표현하는 예술입니다.

처음에는 신의 노여움을 풀게 하거나 풍성한 수확을 바라는 형식의 종교적인 행사에서 출발하였습니다. 우리나라에서도 이미 삼국 시대부터 시작되어 가면극·인형극의 형태에서 판소리를 거쳐 오늘에 이르고 있습니다.

희곡·배우·관객을 이것의 3대 요소라 하며, 무대 위에는 배경과 장치를 하는데 음악·조명·의상 등 여러 가지를 필요로 합니다. 그래서 이것을 문학·미술·음악 등을 포함하는 종합 예술이라고 합니다.

이것을 무엇이라고 하나요?

정답 ☞ 연극

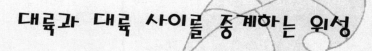

대륙과 대륙 사이를 중계하는 위성

이것은 대륙과 대륙 사이의 통신, 즉 라디오·텔레비전·전화 등을 중계하는 인공위성을 말합니다.

이것에는 지구에서 보낸 전파를 반사만 하는 수동형과 수신 전파를 증폭하여 다른 전파로 내보내는 능동형이 있는데, 현재 쓰이고 있는 것은 대부분 능동형 위성입니다.

1958년 12월에 미국의 스코어라는 위성이 최초로 발사되었으며, 1973년 2월 국제 전기 통신 위성 기구가 만들어져 여러 나라가 공동으로 위성을 이용하고 있습니다.

이 위성을 무엇이라 하나요?

 정답  통신 위성

투자가의 자금을 모아 투자하여 이익을 나누어 줍니다.

여러 투자가의 자금을 모아서 하나의 기금으로 하고 이 기금을 증권 투자 등으로 불려서 그 이익을 출자한 계좌수에 따라 투자가에게 배분하는 금융 기관을 말합니다.

물론 손실이 발생한 경우에는 투자한 사람의 부담이 되지만, 이 회사는 손실이 생기는 것을 줄이기 위해 여러 가지 종목에 분산하여 투자를 한다고 합니다.

우리 나라에서는 1969년에 관계 법령 제정되어, 본격적으로 발전할 수 있게 되었습니다.

이 회사를 무슨 회사라고 할까요?

정답  투자신탁회사

바다를 메워 육지를 만들어요

이것은 바닷가 해안선 부근의 얕은 바다나 호수에 둑을 쌓아 그 안의 물을 빼거나 흙으로 메워 육지로 만드는 일을 말합니다.

이렇게 해서 만든 땅은 농지나 공장 부지로 이용되는데, 이 사업은 해안선이 울퉁불퉁하고 파도가 세지 않으며 바람이 심하게 불지 않는 곳이 유리합니다.

우리 나라에서는 이런 사업을 전담하는 농업 진흥 공사를 만들어, 1970년 이후 계화로 지구·상교천 지구 등에 대단위의 농업 종합 개발 사업을 벌여 많은 땅을 얻었습니다.

우리 나라의 서해안과 남해안은 이 사업에 유리한 지형을 갖고 있는데, 전라북도 부안군·전라남도 무안군·낙동강 하류에 많습니다.

이 사업을 무슨 사업이라 하나요?

정답 🐜 간척사업

역대 왕의 제사를 지내는 곳

이 곳은 조선 시대 왕과 왕비들의 제사를 지내는 곳입니다.

조선의 도읍지가 한양으로 정해지고 경복궁을 지을 자리가 마련되자, 이 곳의 위치를 궁궐의 동쪽에 자리잡게 하였습니다.

이 곳의 정전에는 조선 왕조를 세운 태조를 비롯하여 역대 임금 중에 공덕이 많은 19왕과 왕비의 신위를 봉안하여 제사를 지내고 있으며, 영녕전에도 태조의 4대조와 정전에 봉안되지 않은 역대 왕과 왕비를 봉안하고 있습니다.

지금도 해마다 이씨 왕손들이 제례를 지내고 있으며, 유네스코에서 세계 문화유산으로 지정한 이 곳을 무엇이라고 하나요?

정답   종묘

공기의 압력

　지구는 두꺼운 공기층으로 싸여 있습니다. 땅의 표면에 가까울수록 공기가 많으며, 땅의 표면에서 멀어질수록 공기가 적습니다.

　산에 올라가 밥을 지으면 설익는 경우가 있는데, 이것은 산 위의 공기가 누르는 힘이 낮기 때문에 일어나는 현상입니다. 이때 뚜껑에 돌을 올려 놓으면 돌이 누르는 힘을 보충해 주는 구실을 하기 때문에 밥이 설익지 않습니다.

　이처럼 지구상의 공기가 지구를 내리누르는 힘을 무엇이라고 하나요?

정답 　 기압

눈의 구조

눈은 빛의 자극에 의해 물체를 보는 감각 기관으로, 하등 동물들은 밝고 어두운 정도만을 구별할 수 있으나, 사람과 같은 고등 동물은 구조가 정밀하여 물체의 특징을 정확히 볼 수 있습니다.

렌즈 모양의 이것은 빛을 통과시켜 먼 곳과 가까운 곳을 구별할 수 있게 하여 망막에 상이 맺히게 합니다.

이것은 카메라의 볼록 렌즈에 해당하며, 상이 맺히는 망막은 카메라의 필름과 같습니다.

이렇게 맺혀진 상은 시신경을 자극하며, 그것이 뇌에 전달되어 비로소 우리가 감각하고 보게 되는 것입니다.

이것은 무엇일까요?

정답   수정체

중추 신경계를 이루는 중요한 기관

신경계는 그 구조상 뇌와 척수로 이루어져 있는 중추 신경계와 몸의 구석 구석을 연결시키고 있는 말초 신경계로 나눌 수 있습니다.

중추 신경계를 이루고 있는 뇌는 머리뼈 속에서 보호되고 있으며, 대뇌·소뇌·간뇌·중뇌·연수로 나누어지고 연수는 다시 척수와 연결되어 있습니다.

뇌는 자극에 알맞은 명령을 내리는 인간의 사령탑이라고 할 수 있습니다.

이것은 뇌 중에서 가장 크며, 약 140억 개의 신경 세포로 되어 있습니다. 각 신경이 전한 자극을 기억하고 종합하며, 사고·판단하여 자극에 알맞은 명령을 내리는 곳입니다.

이것은 무엇일까요?

정답 ☆ 대뇌

152

국가에 대해서 갖는 기본적인 권리의 하나

민주주의 국가에서 국민은 국가에 대해서 일정한 권리를 가집니다. 이러한 국민의 권리는 각 나라의 헌법에 규정되어 있습니다.

우리 나라 헌법에도 이런 기본적인 권리를 규정하고 있습니다.

기본권에는 국민이 국가의 중요한 일을 결정하는 데 참여할 수 있는 권리가 있습니다. 민주주의 국가에서는 국민이 국가와 지방의 정치에 직접 또는 간접적으로 참여할 수 있는 권리를 가집니다.

이러한 권리에는 공무원 선거권, 공무 담임권, 국민 투표권 등이 있습니다.

우리 나라에서는 20세 이상의 모든 국민은 법에 의해 선거권을 가지며, 25세가 되면 피선거권을 가집니다.

이러한 권리를 무엇이라고 하나요?

정답 🐢 참정권

창포 물에 머리를 감고 그네뛰기를 해요

옛날부터 전해 오는 고유의 명절로서 4대 명절 중의 하나입니다.

음력 5월 5일을 일컬으며, '천중절' 또는 '수릿날' 이라고도 합니다.

이 날은 농부들이 씨뿌리기를 끝내고 그 해의 풍년을 기원하면서 행사를 벌였는데, 옛날에는 나라에서 부채를 만들어 신하들에게 나누어 주었다고 합니다.

그리고 민간에서는 악귀를 쫓아내기 위해 여인들이 창포물에 머리를 감고, 쑥으로 둥글게 만든 수리떡을 만들어 먹었습니다.

또한 여자들은 그네뛰기를 주로 하였고, 남자들은 씨름·농악 놀이 등을 하였습니다.

이 날을 무엇이라 부르나요?

정답  단오

세계 평화를 지키는 국제기구

국제 평화 유지를 제일의 목적으로 하는 인류사상 가장 큰 규모의 국제기구입니다.

제 2차 세계대전 때 연합국의 주도로 1945년 설립되었습니다.

이 기구는 나라 사이에 일어나는 분쟁을 평화적으로 해결하도록 하며, 이를 어겼을 때는 경제적인 교류를 끊거나 군대를 파견하는 등 강력한 조처를 취하기도 합니다.

이 기구는 그 목적을 달성하기 위하여 총회·안전 보장 이사회·경제 사회 이사회·국제 사법 재판소·사무국 등 6개의 주요 기관을 가지고 있습니다.

그리고 주요 기관을 돕는 군축 위원회·지역 경제 위원회·국제 연합 아동 기금 등 보조 기관의 활동도 매우 활발합니다.

이 기구를 무엇이라고 하나요?

정답 　국제연합(유엔)

서양의 악성

그는 독일의 작곡가로서 본이라는 도시의 음악가 집안에서 태어났습니다.

어려서부터 뛰어난 재능을 보여 13세때 궁정의 오르간 연주자가 되었고, 17세 때에는 오스트리아의 빈으로 가서 하이든의 가르침을 받았습니다.

그러나 30세가 넘으면서 귀가 들리지 않아 한때는 자살하려고까지 했으나, 온갖 시련을 극복하고 창작에 몰두하여 음악사에 영원히 기억될 많은 작품들을 남겼습니다.

그는 하이든과 모차르트에 의해 만들어진 고전주의 음악 형식을 더욱 발전시켰으며, 생명력이 넘치는 웅장한 곡들을 많이 작곡했습니다.

그는 낭만파 음악의 선구자로 현대 음악에 많은 영향을 끼쳐 '악성(음악의 성인)'이라 불리우고 있습니다.

그가 남긴 작품으로는 <전원> · <운명> · <영웅> 등 9개의 교향곡과 <비창> · <월광> 등 32곡의 피아노 소나타, 그리고 종교 음악, 협주곡 등이 많이 있습니다.

그는 누구인가요?

정답 베토벤(1770~1827)

알에서 태어난 신라의 시조

신라의 시조로서 불구내라고도 하며, 왕호는 거서간이라 합니다.

어느 날 신라 6부 중 하나인 사량부의 소벌공이라는 사람이 숲 속에서 말 울음 소리가 나길래 가 보았더니, 큰 알이 하나 있었다고 합니다. 그 알 속에서 어린아이가 나왔는데, 열 살이 되자 기골이 장대하고 뛰어나게 지혜로워, 6부의 사람들이 의논하여 왕으로 추대했다고 합니다.

그는 기원전 57년 왕위에 오른 뒤 전국을 돌면서 농사와 양잠을 장려했고, 나라의 이름을 '서라벌', 수도를 '금성'이라 정했으며, 성을 쌓아 나라의 기초를 세웠습니다.

그는 누구일까요?

정답 🐣 박혁거세

지구가 오염되고 있어요

이것은 공장이나 주민들의 일상생활 속에서 일어나는 현상으로, 대기를 오염시키는 매연이나 먼지, 하천을 오염시키는 공장 폐수나 생활하수, 그리고 소음 또는 진동으로 인하여 발생하는 보건 위생상 일반 사람들에게 미치는 정신적·육체적·경제적 피해를 말합니다.

특히 오늘날에는 원자력의 이용으로 인한 방사능의 유출이나 핵실험에 의한 대기·해양의 오염이 국제적인 문제로 크게 떠오르고 있습니다.

이와 같이 자동차의 배기가스·공장 폐수·핵폐기물 등에 의해 입는 피해를 무엇이라고 하나요?

정답 ❀ 공해

인도차이나 반도에 길게 뻗어 있는 사회주의 국가

이 나라는 동남아시아의 인도차이나 반도에 자리잡고 있습니다. 북쪽으로는 중국과 경계를 이루고 있으며, 국토가 남북으로 길게 뻗은 모양이어서 해안선은 길고 동서로는 좁습니다.

국토의 3/4이 산지이고 북쪽과 남쪽에 평야 지대가 있는데, 주민들은 대부분 이 곳에서 살고 있습니다. 기후는 열대 기후에 속하며, 열대 계절풍의 영향으로 건계와 우계가 뚜렷합니다. 주민들은 주로 농사를 지으며, 대부분 불교를 믿고 있습니다. 석탄·철·주석 등의 지하자원도 풍부합니다.

옛부터 외국의 침략이 잦았으며, 1884년 프랑스의 식민지가 되었다가 1954년 독립하였습니다. 그러나 국토가 남과 북으로 갈라져서 20여 년을 서로 싸우다가 1975년 미군이 철수하면서 북부에 의해 통일되었습니다.

우리 나라는 1964년부터 남쪽에 군대를 보내 전쟁을 도와주기도 했습니다.

이 나라는 어느 나라인가요?

정답 ⚘ 베트남

애국가를 작곡한 음악가

이 사람은 작곡가이자 지휘자로서 1905년 평양에서 태어났습니다.

일본 국립 음악 학교에서 첼로를 전공한 그는, 1930년 미국으로 건너가 커티스 음악 학교와 신시내티 음악 학교에서 첼로와 작곡을 전공했습니다. 그후 1936년 유럽으로 건너가 이듬해 빈에서 20세기 최고의 작곡가로 꼽히는 리하르트 슈트라우스의 지도를 받았으며, <애국가>를 작곡했습니다.

또한 스페인의 마드리드 마요르카 교향악안의 상임 지휘자로 활동했으며, 영국의 로열 필하모닉 교향악단과 이탈리아의 로마 교향악단 등 각국의 200여 교향악단을 지휘하여 세계적인 명성을 얻었습니다. 1965년 영국의 런던 뉴 필하모닉의 초청 지휘자로 마지막 작품인 <아! 강상의 의기 논개>를 연주하였습니다.

그의 주요 작품으로는 <애국 선열 추도곡>·<한국 환상곡> 등이 있습니다.

그는 누구인가요?

정답 안익태

원자력의 평화적 이용을 위해 감시 활동을 하는 기구

이 기구는 원자력의 평화적인 이용을 꾀하고, 원자력이 세계의 보건과 번영에 이바지할 수 있도록 하기 위하여 만들어진 국제기구입니다.

1953년 12월, 제8회 국제 연합 총회에서 아이젠하워 미국 대통령이 제창하여 1956년 10월에 이 기구의 헌장이 채택되어 설립되었습니다.

이 기구의 본부는 오스트리아의 빈에 있으며, 우리 나라도 회원국으로 가맹하였습니다.

이 기구는 원자력의 평화적인 이용을 위한 연구·개발·실용화를 원조하고, 그 공급에 있어 가맹국간의 중개자 역할을 합니다. 또 원자력이 평화나 복지 이외에 이용되는 것을 막기 위한 활동을 벌이고 있습니다.

이 기구의 이름은 무엇일까요?

정답 🌱 국제원자력기구(IAEA)

음의 어울림

서로 높이가 다른 2개 이상의 음이 동시에 울릴 때, 음의 어울림을 화음이라고 합니다. 일반적으로 화음은 3개 이상의 음들의 결합을 말하고, 2음의 결합은 '음정'이라고 해서 화음과 구별합니다.

화음은 원칙상 바탕이 되는 음에서 3도씩 쌓아 가는데, 3음으로 구성되는 음을 3화음이라고 합니다. 이때 바탕이 되는 음을 밑음이라고 하고, 3도 위에 음을 제3음, 5도 위의 음을 제5음이라 부릅니다.

장음계에서는 으뜸음인 '도'를 밑음으로 해 '도·미·솔'로 이루어지는 3화음을 말하고, 단음계에서는 으뜸음인 '라'를 밑음으로 해 '라·도·미'로 이루어지는 3화음이 있습니다. 이 화음에서 으뜸음은 주로 그 조의 중심이 되며, 기호로는 'I'로 표시됩니다. 이 화음을 무슨 화음이라고 하나요?

정답 으뜸화음

지구의 운동

옛날 사람들은 태양이나 별들이 하늘에 붙어서 동쪽에서 서쪽으로 돈다고 생각했습니다. 즉, 지구는 움직이지 않고 하늘의 태양이나 별이 움직인다고 믿은 것입니다. 이것을 천동설이라고 합니다.

그러나 후에 폴란드의 천문학자인 코페르니쿠스가 태양을 중심으로 지구가 움직인다는 학설을 주장했습니다.

이탈리아의 갈릴레이는 지구가 움직인다는 주장을 해서 종교 재판을 받게 되었고, 재판에 굴복하여 천동설을 인정하게 되었지만 '그래도 지구는 돈다'라는 말을 하여 자신의 학설이 옳음을 나타낸 유명한 일화가 있습니다.

오늘날 사람들은 여러 가지 과학적인 증거를 바탕으로 하여 지구 자체가 하루에 한 바퀴씩 돈다는 것을 알아냈습니다.

그러면 지구가 움직인다고 주장한 학설을 무엇이라고 하나요?

정답 🌑 지동설

많은 피해를 입히는 열대 저기압

　이것은 북태평양 남서부 열대 지방의 바다에서 생겨 필리핀, 한국, 중국, 일본 등으로 불어옵니다.

　이것이 다가올 때는 구름이 빠르게 움직이고, 아침 저녁으로 노을이 검은 빛을 띠며 여러 차례 세찬 소나기와 강한 바람이 몰아칩니다.

　이것은 생기는 곳에 따라 여러 가지로 불립니다. 즉, 허리케인, 윌리윌리, 사이클론 등을 말합니다.

　이것을 무엇이라고 부르나요?

정답 　태풍

온 세상을 하얗게 뒤덮어 놓는 얼음 결정

　하늘에 떠 있는 구름은 찬 구름도 있고, 더운 구름도 있습니다. 그런데 찬 구름과 더운 구름이 만나면 더운 구름 속에 포함되어 있던 수증기가 식어서 작은 물방울이나 얼음 결정이 됩니다.

　여기에 계속해서 수증기가 엉겨 붙어 큰 덩어리가 되면 그것은 더 이상 공기 중에 떠 있을 수 없게 됩니다. 이렇게 해서 여러 개의 얼음 결정이 엉겨 붙어 떨어지게 됩니다. 떨어지다가 녹으면 비가 되고, 녹지 않고 얼음 결정이 그대로 떨어지면 무엇이라고 할까요?

정답  눈

씨 없는 수박을 탄생시킨 학문

　이것은 생물학의 한 분야로, 유전과 변이의 현상을 대상으로 하는 과학입니다. 다시 말하면, 생물의 형질이 부모로부터 자식에게 어떻게 전해지는가, 또 부모와 자식 사이, 자식들 끼리 사이에서 볼 수 있는 변이는 어떻게 해서 생기는가 하는 점에 대해 연구하는 학문입니다.

　인간은 오래 전부터 유전 현상이나 동식물의 교배에 관심을 가졌고, 그래서 가축이나 작물의 개량이 끊임없이 이루어져 왔습니다. 우리 나라의 우장춘 박사는 '씨 없는 수박'을 선보이기도 하였습니다.

　오늘날에는 여러 가지의 전문 분야로 나뉘어져 엄청난 발전을 하고 있는 이 학문을 무엇이라고 하나요?

정답 　유전학

　유전공학이라고도 불리우며, 동물을 복제할 수 있을 정도로 상상을 초월하는 발전이 이루어져 이제는 인간 복제에 대한 논란이 일고 있습니다.

삼국 시대의 천문대

이것은 우리 나라에서 가장 오래된 석조물로서 경주 시 인왕동에 있습니다.

「삼국유사」에 따르면, 신라 선덕여왕때 건축된 것으로 만 알려져 있고, 그 정확한 연대는 알 수 없다고 합니다.

이것은 신라 시대의 천문대로, 높이는 9.17m이고 아래 부분의 지대석과 기단은 사각형으로 각각 8개와 12개의 돌로 되어 있습니다. 그 위에 362개의 돌이 27단의 원통 형으로 쌓여 있는데, 1단의 높이는 약 30cm입니다.

또한 열세 번째 단과 열다섯 번째 단에 걸쳐 정사각형 의 문이 뚫려 있고, 꼭대기에도 우물 정(井)자 형의 돌 2 단이 놓여 있습니다.

이것은 신라 시대의 과학 기술 수준을 보여 주는 것으 로 아주 귀중한 유적입니다.

이것은 무엇일까요?

정답 🪨 첨성대

침략의 야욕을 드러낸 조약

러·일 전쟁에서 승리한 일본은 대한 제국을 식민지로 만들기 위해 궁궐을 포위하고 강제로 보호 조약을 맺었습니다.

고종 황제와 정부 대신들은 이 조약을 반대하였으나, 군대를 동원한 일본의 위협과 이완용 등 일부 대신('을사 5적'이라고 함)들의 찬성으로 나라의 외교권을 빼앗겼습니다.

일본은 한성(서울)에 통감부를 설치하고, 나라의 모든 일을 자기들 마음대로 하며 침략의 야욕을 드러냈습니다.

장지연은 황성 신문에 '시일야방성대곡'(이 날을 목 놓아 통곡하노라!)이라는 논설을 썼고, 전국적으로 일본에 대항하는 의병이 일어나기도 했습니다.

일본이 우리 나라를 집어 삼키려는 야욕을 드러낸 이 조약을 무엇이라고 하나요?

정답 🎈 을사조약

1905년, 즉 을사년에 맺어진 조약입니다.

빌딩을 무너뜨리는 자연 재해

이것은 지구 내부에서 일어나는 급격한 변화 때문에 지면이 일정 기간 흔들리는 현상을 말합니다.

이런 현상의 원인에 대해 확실하게 밝혀지지는 않았지만, 대개 땅 속 깊은 곳에 녹아 있는 마그마의 활동과 땅속의 지층이 엇갈리거나 무너져 내리는 단층 작용이 주원인이라고 합니다.

이것이 일어난 땅 속의 지점을 진원이라고 하며, 진원 바로 위의 지면은 진앙이라고 합니다.

진동의 세기는 진도로 나타내며, 0에서 7까지의 수로 표시합니다.

미국의 로스앤젤레스 지역이나 일본의 고베 등에서는 이것으로 인해 사람이 다치거나 죽은 것은 물론이고 건물이 무너지고 도로가 주저앉는 등 큰 피해를 입기도 하였습니다.

이 현상을 무엇이라고 하나요?

정답 　 지진

방방곡곡을 직접 찾아다니며 그린 지도

이것은 보물 제850호로, 조선 시대 말기에 고산자 김정호가 만든 우리 나라의 지도입니다.

이 지도는 모두 22조각으로 되어 있는데, 접으면 한 권의 책이 됩니다. 2,3개씩 합쳐서 볼 수도 있으며, 전부 펼치면 우리 나라 전체의 지도가 되도록 꾸며져 있습니다.

김정호는 이 지도를 만들기 위해 27년 동안 전국 방방곡곡을 돌아다녔으며, 그 노력 또한 굉장하여 오늘날의 지도와 큰 차이가 없을 정도로 정확한 지도를 만드는데 힘을 기울였다고 합니다.

김정호는 이 지도를 나라에 바쳤으나, 그 공을 인정받지 못하고 오히려 나라의 기밀을 누설하였다는 죄로 옥에 가둬 죽고 말았습니다.

이 지도의 이름은 무엇일까요?

정답 🐸 대동여지도

교훈과 풍자의 뜻이 담긴 짧은 말

이것은 예로부터 말로 전해져 내려오는 민간의 격언으로, 교훈·풍자·유희 등의 뜻이 담긴 짧은 말을 뜻합니다.

주로 서민 생활의 체험에서 우러난 지혜와 고전 또는 고사성어 등으로부터 생겨나와 점차 입으로 전해진 것들로 이루어져 있습니다.

이것은 간결하면서도 뜻을 깊이 있게 나타내어 듣는 사람으로 하여금 감동을 느끼게 합니다.

이것은 무엇일까요?

정답 🐾 속담

카메라로 찍은 영상을 집에서 영화처럼 즐길 수 있어요

이것은 카메라로 찍은 영상을 전파로 바꾸어 멀리 보내서 영화처럼 화면에 비추어 볼 수 있도록 만들어진 장치입니다.

1873년 영국의 스미드와 메이가 광전판을 만든 것이 발명의 시초가 되었으며, 1925년 영국의 베어드가 처음으로 움직이는 화면을 찍어내는 데 성공하였습니다.

1936년 세계 최초로 영국의 BBC가 정식 방송을 시작하였으며, 우리 나라는 1961년 12월에 KBS(한국 방송 공사)가 채널 9로 방송을 시작함으로써 전국적인 방송망이 구성되었습니다. 또 우리 나라는 1980년 12월부터 컬러 방송이 시작되었고, 수상기의 빠른 증가와 더불어 세계적인 수출국으로 진출하게 되었습니다.

이것은 무엇일까요?

정답 🌑 텔레비전

얄미운 사람의 별명

이 동물은 개와 비슷하게 생겼으며, 산이나 숲 속에서 삽니다.

몸 길이는 대개 70cm 가량이며, 네 다리가 가늘고 짧습니다. 입끝은 뾰족하며, 삼각형의 큰 귀와 몸집에 비해 긴 꼬리를 가지고 있습니다. 꼬리의 등쪽과 발다닥의 앞쪽에 냄새샘이 있는데, 특유의 고약한 냄새를 풍깁니다.

이 동물은 혼자서 살며, 밤에 나와서 들쥐·토끼·꿩·오리·개구리·곤충·과실 등을 먹고 삽니다.

재빠르고 꾀가 많은 영리한 동물이지만, 이솝의 우화 등에 자주 등장하여 약삭바르고 교활한 모습을 보이는데, 사람 중에도 이와 같은 행동을 하는 사람에게는 이 동물의 이름을 붙여서 부르곤 하지요. 이 동물의 이름은 무엇일까요?

정답 　여우

기압의 차이로 인한 공기의 이동

이것은 공기의 이동을 말합니다. 공기가 움직이는 것은 기압의 차이 때문인데, 찬 공기 쪽에서 더운 공기가 있는 쪽으로, 그리고 기압이 높은 쪽에서 낮은 쪽으로 움직입니다.

낮에는 바다에서 육지 쪽으로, 밤에는 육지에서 바다 쪽으로 공기가 이동합니다.

또한 계절에 따라 공기의 이동 방향이 바뀝니다. 여름에는 대륙이 빨리 데워지므로 바다 쪽의 찬 공기가 대륙 쪽으로 움직이며, 겨울에는 대륙이 빨리 식으므로 대륙의 찬 공기가 바다 쪽으로 움직입니다.

이처럼 공기가 움직이는 것을 무엇이라고 하나요?

정답  바람

화약을 만들어 왜구를 무찌른 장군

이 사람은 화약을 만든 고려 말기의 발명가입니다.

원나라의 화약 기술자인 이원에게서 화약 제조법을 배워 와 1377년 조정에 건의하여 화통도감을 설치하게 하였습니다. 그리하여 화약을 만드는 동시에 석포·화포·화통·화전 등 여러 가지의 화기와 이것들을 실을 수 있는 배를 만들었습니다.

1380년 왜구가 쳐들어오자 부원수가 되어 전함을 이끌고 바다로 나가 화기를 사용하여 수많은 왜선을 쳐부수었습니다. 그 후 관음포에서도 큰 승리를 거두기도 하였습니다.

1392년 조선이 건국한 후에는 군사에 관한 직책을 맡았으며, 저술에도 힘을 써서 <화포법>·<화약 수련법> 등의 책을 남겼습니다.

그는 다음 중 누구일까요?

① 최무선   ② 최영   ③ 이순신   ④ 김종서

정답 🐢 ① 최무선

푸른 산을 가꾸는 날이지요

  이 날은 1872년 4월 10일 미국의 네브래스카에서 처음으로 정해졌습니다. 그리고 뒤를 이어 세계의 여러 나라에서 이 날을 기념하고 각종 행사를 펼치게 되었습니다.

  우리 나라에서는 1973년부터 4월 5일을 이 날로 정했습니다.

  우리 나라의 산은 1960년대까지 대부분 민둥산이었습니다. 그 이유는 일제 시대 때 일본이 우리의 산림을 마구잡이로 베어버렸고, 6 · 25 전쟁으로 인해 온 나라가 폐허로 변했기 때문입니다.

  앞으로는 산림을 해치는 일이 없도록 해야 할 것입니다.

  그래서 이 날은 국민들이 직접 나무를 심고 가꾸어 산림 자원을 풍부하게 하도록 만든 기념일입니다.

  이 날은 무엇이라고 하나요?

정답 식목일

세상이 환하게 잘 보여요

잘 보이지 않는 눈의 작용을 좁거나 강한 광선·먼지·물·바람 등으로부터 눈을 보호하기 위해 쓰는 것을 말합니다.

대개 테에 렌즈를 기워서 만드나, 요즘은 눈에 직접 끼워 넣는 콘텍트렌즈도 많이 사용되고 있습니다. 그리고 보호용으로 쓰는 것도 여러 가지가 있습니다.

이것은 무엇인가요?

 정답 안경

어린이의 손처럼 생긴 식물

이것은 산이나 들의 그늘진 습지에서 잘 자라는 여러 해살이 민꽃식물로서 어린잎은 나물로 먹으며, 뿌리줄기는 녹말을 만들기도 합니다.

이른 봄에 뿌리줄기에서 돋은 어린잎은 잎자루가 통통하고 끝이 말려 있어 어린아이의 주먹 모양을 하고 있으며, 하얀 솜털로 덮여 있습니다.

다 자란 잎은 거칠고 크며, 길이는 약 30cm 가량 됩니다. 잎의 모양을 살펴보면 깃처럼 생긴 세모꼴의 겹잎이며, 가장자리는 뒤로 약간 말려 있습니다. 가을이면 잎 뒷면에 갈색의 홀씨주머니가 붙습니다.

이 식물의 이름은 무엇일까요?

정답 고사리

맛을 느끼는 기관

우리 몸 중에서 맛을 느끼는 기관으로 입 안에서 음식물을 씹을 때 섞는 역할을 하고, 말을 할 때는 발음을 도와주기도 합니다.

이것의 표면에는 유두라는 작은 돌기가 있으며, 이 돌기 옆에 맛을 느끼는 미뢰라는 미세포가 있습니다. 이 미세포에 어떤 물질이 닿으면 세포를 자극하게 되며, 그 자극이 신경을 통해 대뇌에 전달되어 맛을 느끼게 합니다.

그리고 이것의 여러 곳에 맛을 느끼는 세포가 다르게 퍼져 있어서 단맛, 신맛 등 느끼는 맛이 각각 다릅니다.

이 기관은 무엇인가요?

정답 . 혀

주요 3화음의 하나

　3개 이상의 음이 동시에 울려서 어울리는 것을 화음이라고 하며, 특히 3화음은 여러 화음 중에서 가장 많이 쓰입니다. 세 개의 음은 짜임에 따라 장3화음·단3화음·증3화음·감3화음으로 나누어져 있습니다.

　이와 같은 여러 종류의 3화음 중에서 특히 중요한 화음을 주요 3화음이라고 합니다.

　주요 3화음 중 장음계에서는 '파'음을 밑음으로 해 '파·라·도'로 이루어지고 단음계에서는 '레'음을 밑음으로 해 '레·파·라'로 이루어지는 3화음이 있습니다. 기호로는 'IV'로 나타냅니다.

　이 3화음을 무엇이라고 하나요?

정답 　버금딸림화음

가족의 형태

가족이란 부모, 자식, 부부의 관계로 맺어져 한집에서 함께 생활하는 공동체를 가리키는 말입니다. 여러 집단 가운데 '가족'이 가장 오래된 집단입니다.

가족은 여러 가지 형태가 있으며, 우리 나라에서는 대가족이 모여 살았었습니다. 대가족이란 할아버지, 할머니, 큰아버지, 큰어머니, 사촌 형, 사촌 누나들과 같이 사는 것을 말합니다.

그러나 요즘은 대가족으로 사는 사람들이 매우 적고, 아버지·어머니·나 그리고 형제들만 사는 경우가 많습니다.

이와 같이 부모형제만 같이 사는 가족의 형태를 무엇이라고 할까요?

정답 핵가족

공해로 인한 죽음의 비

이것은 빗물 중의 산성도가 ph 5.6이하일 때 내리는 비를 말합니다.

이것은 건물의 쇠나 대리석 등을 부식시키고 땅을 산화시킵니다. 또한 연못이나 강의 물을 산성으로 변하게 하여 동·식물이 살 수 없도록 합니다.

이것이 내리는 이유는 공기 중에 떠 있는 강한 산이 비에 섞이기 때문입니다. 즉, 공기 중에는 공장이나 자동차의 배기 가스에서 나오는 이산화황이나 산화질소 등이 떠 있습니다. 이것들이 공기 중의 수증기와 섞여 황산이나 질산들의 강한 산이 되어, 비가 내릴 때 섞여 내리는 것입니다.

이러한 비를 무엇이라고 하나요?

정답 🏀 산성비

즐거운 음악 시간에 피리를 불어요

이것은 앞에 7개, 뒤에 1개의 구멍이 뚫린 세로 피리입니다.

대개 플라스틱으로 만들어지며, 음색은 아름답지만 음의 넓이가 좁아서 연주하기가 어렵습니다.

이것을 쥘 때는 왼손을 위로, 오른손을 아래로 하여 몸과의 각도가 50℃ 정도 되도록 합니다. 왼손 엄지손가락 끝은 뒷구멍에 대고, 왼손의 새끼손가락과 오른손의 엄지손가락은 구멍에 대지 않습니다.

복식 호흡의 요령을 익혀 호흡을 고르게 해야 음정이 바르게 유지됩니다. 특히 긴 음의 단락 등에서는 음정이 내려가지 않도록 주의해야 합니다.

이것을 무엇이라고 하나요?

정답 🐾 리코더

파리 중의 작은 파리

이 곤충은 몸 길이가 2~5mm 가량되는 작은 파리의 일종입니다. 몸빛은 노랑 또는 갈색이며, 특징은 눈이 겹눈으로 몸에 비해 크고 붉은 색입니다. 배와 등에는 가로 줄이나 얼룩점이 있고, 걸음걸이는 느립니다.

이 곤충은 다른 곤충에 비해 알에서 어른벌레가 되기까지의 시간이 매우 짧아서 여러 가지의 실험 재료로 많이 쓰입니다.

어른벌레가 되면 암컷이 수컷보다 약간 크며, 암컷의 꽁무니는 뾰족한데 비하여 수컷의 꽁무니는 둥그스름하게 생겼습니다. 뒷날개 1쌍은 퇴화하고, 앞날개 1쌍만 남아 있습니다.

이 곤충의 이름은 무엇인가요?

정답 🐾 초파리

한글 연구에 평생을 바친 한글 학자

이 사람은 1876년 황해도 봉산에서 태어났습니다. 호는 힌샘이라고 합니다.

배재 학당에 입학하여 신학문을 배우고, 「독립 신문」을 발간하는데 참여하여 국민 계몽에 앞장섰습니다. 그리고 「국어 문법」·「말의 소리」·「국어 문전 음학」 등의 책을 펴내고 한글 연구에 몰두하였습니다. 또한 '조선어 연구회'를 창설하였으며, 처음으로 우리 글을 '한글'이라 이름지었습니다.

한글의 과학적 연구에 전 생애를 바친 그는 누구인가요?

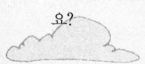

정답 🐢 주시경(1876~1914)

신라 천 년의 도읍지

이 도시는 경상 북도 남동부에 위치하고 있습니다. 옛날에는 '서라벌' 또는 '금성' 으로 불리었습니다.

신라의 도읍지로 불국사, 첨성대, 석굴암, 안압지, 무열왕릉 등 수 많은 문화재를 곳곳에서 볼 수 있습니다. 그래서 전국의 여러 학교에서 수학여행을 가장 많이 가는 도시이기도 합니다.

태백산맥 남쪽에 자리잡고 있으며, 형산강 상류에 펼쳐친 평야를 중심으로 사방이 산으로 둘러싸여 있습니다. 이 도시의 이름은 무엇인가요?

정답 경주

늙으면 안경을 끼게 되는 이유

사람의 눈은 그 구조가 아주 정밀하게 만들어져 있습니다.

즉, 물체의 빛을 눈동자의 각막이 받아들이면 수정체를 거쳐 망막에 상이 맺히게 됩니다. 이렇게 맺혀진 상은 시신경을 자극하여 뇌에 전달됩니다. 그러면 비로소 문체를 지각할 수 있게 되는 것이지요.

그러나 나이가 들게 되면 눈의 작용이 불완전하게 됩니다. 보통 45세 이후가 되면 먼 곳에 있는 것은 잘 보이지만 가까운 것이 잘 보이지 않게 됩니다. 이러한 상태의 눈을 무엇이라고 하나요?

정답 🐢 노안

대사와 행동으로 보여주는 것

연극을 종합예술이라고 합니다. 그 이유는 연극을 하는데 문학·미술·음악 등 여러 가지 예술이 포함되기 때문입니다.

이것은 무대에서 연극을 하기 위해 쓴 것으로 등장 인물의 대사와 동작, 무대 장치 등을 적은 글입니다. 이것의 내용은 배우가 대사와 행동으로 관객에게 보여줌으로써 전달됩니다.

이것은 무엇일까요?

정답 🙊 극본

농사일에 흥을 돋우는 음악

삼국 시대 전부터 행해진 음악으로 농사일의 능률을 올리기 위해 또는 명절 때 흥을 돋우기 위해 연주되었습니다. 즉, 모심기나 추구가 끝난 뒤 또는 제사나 명절, 마을 전체의 모임이나 행사 때 즐기던 음악입니다.

꽹과리·징·장구·북·소고 등의 타악기가 주로 쓰이며, 태평소도 쓰입니다. 장단은 굿거리·타령·자진모리·단모리 장단 등으로 나눌 수 있습니다.

이 음악을 무엇이라고 부르나요?

정답  농악

어른들을 위한 동화

이 이야기는 작은 별에서 온 어린 왕자가 여러 사람을 만나면서 깨우치는 교훈을 느끼게 해줍니다.

왕자는 왕 거드름쟁이·주정뱅이·실업가 등에 불을 켜는 사람·지리학자를 만나면서 이들의 모습을 통해 인간의 어리석음을 얘기하고 있습니다. 또 지리학자와 여우를 통하여 참된 우정이 어떤 것인지와 마음의 눈으로 사물을 보아야 한다는 교훈을 주고 있습니다.

이 것은 프랑스의 생텍쥐페리라는 사람의 작품으로서 어른들을 위한 동화입니다.

이 작품의 제목은 무엇인가요?

정답 🐾 어린 왕자

얼굴 가득히 신비한 미소가 흐르는 탈

안동의 하회 마을에서 서낭신에게 제사를 지낼 때 하던 굿을 '하회 별신굿'이라고 합니다.

이 별신굿 가운데 광대들이 탈을 쓰고 탈놀이를 하는 것이 있는데, 이 탈놀이에 쓰이는 탈이 있습니다.

이 탈은 바가지나 종이로 만든 것과는 달리 나무로 만들었습니다. 특히 이 탈은 얼굴 가득히 신비한 미소를 띠고 있어 세계적으로 널리 알려져 있으며, 그 뛰어난 조각 솜씨 또한 작품성을 인정받고 있습니다.

이 탈을 무엇이라고 부르나요?

정답   하회탈

농민들을 위한 전국적인 협동 조직

이 조합은 농민들이 자신들의 이익을 보호하기 위하여 법에 따라 전국적인 규모로 구성한 협동 조직을 말합니다.

그 목적은 농민의 자주적인 협동 조직을 통하여 농업 생산력을 높이고, 농민의 경제적·사회적 지위를 향상시키며, 주민 경제의 균형 있는 발전이 이루어질 수 있도록 하는 데 있습니다.

이 조합에서는 조합원들이 생산한 농산물을 협동 판매하고, 공동으로 구매 활동을 하며, 자금 대부 등 공제 사업을 합니다. 또 협동 생산과 가공을 하기도 합니다. 이외에도 조합원을 위한 다양한 사업을 전개하여 농촌 문화 수준 향상에 기여하고 있습니다.

이 조합을 무엇이라고 하나요?

정답 **농업협동조합**

최근에는 축산업협동조합 등과 통합하여 더욱 방대한 조합을 이루게 되었습니다.

공업의 여러 분야에 쓰이는 중요한 자원

이것은 기계·기구·자동차·배·각종 연장 등을 만드는 데 쓰이는 아주 중요한 지하자원입니다.

철분·탄소 등 여러 가지 불순물이 섞여 있는데, 대체로 철분이 50% 이상 들어 있는 것이 좋은 광석입니다. 이것은 남한보다는 북한에 많이 매장되어 있으며, 질 또한 북한에서 생산되는 것이 좋습니다.

생산량이 수요량보다 훨씬 적기 때문에 오스트레일리아·브라질·동남아시아 등지에서 대부분을 수입하고 있습니다.

이것은 무엇일까요?

정답 철광석

물건을 사고 파는 마당

옛날에는 필요한 것을 자연에서 직접 얻거나 만들어서 사용했습니다. 그러다가 다른 곳의 사람들과 서로 물건을 바꾸어 쓰게 됐고, 나중에는 물물 교환이 이루어지는 이러한 장소가 생기게 되었습니다. 물건을 사려는 사람과 팔려는 사람이 만나서 사고 파는 일을 하는 곳이 생긴 것이지요. 이 곳에서 상인들은 생산자와 소비자 사이에서 물건을 사고 파는 일을 하여 이윤을 얻습니다.

오늘날 이 곳은 옛날처럼 물건을 사고 파는 일이 일어나는 것은 같지만 물건의 가격을 결정하고 생산량을 조절하며 상품의 질을 향상시키는 등 경제 전체에 큰 영향을 주고 있습니다.

이 곳을 무엇이라고 부르나요?

정답  시장

선으로 연결되어 있는 방송

우리가 흔히 집에서 라디오를 듣거나 텔레비전을 보게 되면 방송국과 선으로 연결되어 있는 것이 아니라 무선으로 전파를 받아서 소리를 듣거나 영상을 보게 됩니다.

그런데 유선으로 연결된 전기 통신 시설에 의하여 음성이나 음향 그리고 영상을 즐길 수 있는 방송이 있습니다.

이것은 요즈음 많이 생겨난 것으로, 특히 텔레비전의 경우에는 각종 게임·영화·다큐멘터리·뉴스·스포츠·패션 등 아주 다양한 내용을 방송하고 있습니다.

이러한 방송을 무슨 방송이라고 하나요?

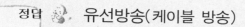

정답 유선방송(케이블 방송)

간편하고 신속한 컴퓨터 연결망

컴퓨터가 매우 빠른 속도로 보급이 되어, 세상은 하루가 다르게 변하고 있습니다. 이것은 은행뿐만 아니라 여러 분야에서 아주 유용하게 사용되는 컴퓨터 시스템입니다.

여기에서는 은행의 예를 들어 알아보겠습니다.

중앙에 대형 컴퓨터를 설치하고, 전국의 각 지점에 있는 컴퓨터와 연결시킵니다. 그러면 전국의 어느 곳에서나 입·출금을 할 수 있습니다. 즉, 통장을 만든 지점에서 그 통장의 내용을 컴퓨터에 입력하면 본점의 대형 컴퓨터에 동시에 입력이 되어 전국 각지에 퍼져 있는 지점의 컴퓨터와 연결이 됩니다. 그러면 그 은행의 어느 지점에서나 입·출금이 가능해 지는 것입니다.

이와 같은 시스템이 들어와서 은행의 업무는 더욱 효율적이고 신속하게 처리할 수 있게 된 것입니다.

이런 시스템을 무엇이라고 부르나요?

정답  온라인

196

몸과 마음에 새로운 의욕을 북돋우는 활동

몸과 마음의 피로를 풀고 긴장과 불안을 해소하여 새로운 의욕과 기운을 북돋우는 활동을 말합니다.

대개는 여가나 자유시간에 개인적 또는 집단적으로 행해지는 것으로 강제성이 없이 자유롭고 즐거운 활동을 모두 이르는 말입니다.

즉, 노래·춤 등을 통해 서로 친해질 수 있으며, 스포츠를 즐기면서 신체적인 단련뿐만 아니라 하고 싶은 욕구를 채울 수 있게 됩니다. 또한 자연을 만끽하고 문화적인 취미 활동을 일삼는 것도 휴식과 만족을 가져다 줍니다.

이러한 활동을 무엇이라고 할까요?

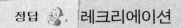 정답 🐾 레크리에이션

많은 비가 와서 입게 되는 자연 재해

여러 날 동안 많은 양의 비가 한꺼번에 내리게 되면 강물이 불어 넘쳐 밖으로 쏟아져 나오게 되는 자연 재해를 말합니다.

이것이 일어나면 주변에 있는 마을 전체가 물에 잠기거나 떠내려가고 도로가 파손되며 때로는 사람의 목숨까지 앗아갑니다.

또 이때의 강물은 평상시보다 훨씬 빠르게 흐르고 물의 양도 많습니다. 그래서 강바닥이 깊게 패이고, 산이 깎여 나무가 쓰러지기도 합니다.

평소에 둑을 튼튼히 하고, 댐을 쌓아 강물의 양을 조절해야 이것의 피해를 막을 수 있을 것입니다.

이러한 자연의 재해를 무엇이라 하나요?

정답 🐾 홍수

이씨 조선을 세운 임금

그는 어려서부터 지혜롭고 용감하였으며, 특히 활을 잘 쏘았습니다.

고려 우왕 14년(1388) 명나라를 치기 위해 군사를 이끌고 가던 중 위화도에서 돌아와 권력을 잡았습니다. 이것을 '위화도 회군'이라고 합니다.

그는 최영을 귀양 보내 죽이고, 임금을 내쫓는 등 크게 권력을 강화하였습니다. 그리고 아들인 이방원이 선죽교에서 정몽주를 죽이자 고려의 마지막 임금인 공양왕을 몰아내고 1392년 7월 드디어 새 왕조를 세우고 왕위에 올랐습니다. 나라의 이름을 '조선'이라 하고, 1394년에는 한양(서울)으로 수도를 옮겼습니다.

그는 친명 정책(명나라와 가까이 지내는 정책)을 쓰고, 불교를 억압하고 유교를 중히 여겼으며, 농사를 장려하는 중농 정책을 기본으로 하였습니다. 이와 같은 3대 정책을 바탕으로 조선의 기틀을 마련하였습니다.

그는 누구인가요?

정답 🐾 태조 이성계

주위보다 기압이 낮으면 날씨가 나빠져요

주위보다 낮은 기압을 말하며, 따뜻하고 습한 곳에서 많이 발생합니다.

등압선의 간격이 좁으며, 바람은 북반구에서는 시계 반대 방향으로, 남반구에서는 시계방향으로 붑니다.

일기도에 '저' 또는 'L'로 표시되는데, 주위에 상승 기류가 생겨서 날씨가 나쁘고 비가 내립니다.

이러한 자연 현상을 무엇이라고 하나요?

정답 🐾 저기압

저기압은 생기는 장소와 성질에 따라 열대 저기압과 온대 저기압으로 나누어지는데, 열대 저기압의 세력이 커지면 태풍이 됩니다.

소리를 듣는 기관

이것은 우리의 몸을 이루는 신체 기관의 하나로서, 소리를 듣는 기관입니다.

이것은 소리를 모아서 귓속까지 전해 주는 부분과 고막이 있는 부분으로 소리를 받아 진동을 크게 하여 속귀로 전해주는 부분으로 되어 있으며, 또 달팽이 모양의 관이 있는 부분이 있는데, 이곳에서 소리와 몸의 균형을 느끼게 됩니다. 이렇게 느껴진 소리와 몸의 상태는 그 속에 있는 청신경을 통하여 뇌로 전달되어 우리가 듣고 느낄 수 있게 되는 것입니다.

이러한 기관은 무엇일까요?

정답  귀

인간의 종합 사령실

뇌는 머리뼈 속에서 보호되고 있으며, 자극에 알맞은 명령을 내리는 아주 중요한 기관입니다.

이것은 목 뒤쪽의 머리의 경계 부분을 말하는 것으로 뇌와 척수가 연결되는 부위입니다.

숨을 쉬는 일, 심장이 뛰는 일, 여러 내장의 운동 등이 여기에서 조절되며, 음식물을 삼키거나 침·눈물의 분비, 재채기 등의 무의식적인 반사 운동에도 관여합니다.

이것이 무엇인지 다음 중에서 고르세요.

① 대뇌   ② 간뇌   ③ 연수   ④ 중뇌

정답 ③ 연수

입체로 만들어진 미술

조소의 아름다움을 만들어 내는 요소로는 크기·무게·두께 등의 느낌인 양감과 재료의 촉감인 질감, 그리고 어떤 방향으로 움직이는 지를 느끼게 하는 동감이 있습니다. 또 전체와 부분의 조화, 변화와 통일된 구성 등도 조소 작품을 완성시키는 중요한 요소가 됩니다.

조소는 만드는 재료와 방법에 따라 구별되는데 찰흙이나 석고·시멘트 등의 재료를 덧붙이거나 둥글게 또는 늘려서 안쪽에서 바깥쪽으로 붙여가면서 만드는 방법이 있습니다.

이것은 만들고 싶은 모양을 스케치한 후 뼈대를 만들고 여기에 살을 붙입니다. 그리고 전체의 비례와 균형을 맞추며 완성합니다.

이러한 방법으로 작품을 완성하는 것을 무엇이라고 하나요?

정답 🌰 소조

불교의 대중화와 사상 체계를 세운 신라의 승려

그는 648년 황룡사에서 중이 되었으며, 650년에 의상과 함께 불법을 배우고자 당나라로 가던 도중에 해골에 고인 물을 마시고 깨우침을 얻어 신라로 되돌아왔습니다.

그 후 분황사에서 불교의 대중화와 불교 사상 체계를 세우는 데 크게 기여하였습니다. 그는 스스로 소성거사·복성거사라 자처하며 세속에 얽매이지 않고 살아갔습니다.

요석 공주와의 사이에 이두를 만든 설총을 낳았으며, <금강 삼매경>을 풀이하여 많은 사람의 존경을 받았습니다.

그는 불교 사상의 통일과 실천에 노력한 정토종의 선구자로서 대승 불교의 교리를 실천한 위대한 고승이었습니다.

저서로는 <대승기신론소>·<화엄경소>·<금강삼매경론> 등이 있습니다.

그는 누구일까요?

정답 🌸 원효(617~686)

상품을 중개하는 산업

　이것은 생산된 상품이 소비자에게 도달되기까지의 중개 기능을 담당하는 산업을 말하는 것으로, 도·소매업 이외에 상품의 흐름에 종사하는 운수업이나 창고업을 포함합니다.

　이러한 산업은 오래 전부터 발전해 왔으나 경제가 빠른 속도로 성장하면서 영세성과 비효율성이 나타나 이를 극복하는 과정을 거치게 되었습니다.

　생산자의 규모가 커짐에 따라 도매업자의 주도권이 상실되어 가는 한편, 소매업 또한 백화점뿐만 아니라 슈퍼마켓·체인 스토어·대형 할인점 등이 새로이 등장하여 급성장하고 있으며, 농업협동조합 등의 공동 판매 방식의 성장도 두드러지고 있습니다.

　이런 산업을 무엇이라고 하나요?

정답  유통업

도매상에서 파는 물건의 가격

어떤 물건을 사게 되면 대가를 치르는데, 그때 치르는 돈의 액수를 그 물건의 값 또는 가격이라고 합니다.

물건에 따라 가격이 다른 것은 물건을 만들 때 들어간 비용과 운반하는 데 든 비용 등이 다르기 때문입니다.

이것은 도매상에서 생산자로부터 물건을 사서 그 물건에 이익을 붙여 소매상이나 소비자에게 파는 가격을 말합니다. 이 가격은 생산 가격에다 생산지에서 시장까지 물건을 운반하는 데 들 비용과 도매상의 이익을 더해 결정되는 것입니다.

이러한 가격을 무엇이라고 하나요?

정답 🌸 소매 가격

마음의 양식인 책을 만드는 일

책은 아주 오래 전부터 파피루스·양피지·종이 등 많은 재료를 바탕으로 하며 손으로 직접 쓰거나 인쇄하는 등의 방법에 의해 여러 가지 형태로 만들어져 오늘날까지 전해져 내려오고 있습니다. 특히 인쇄술이 발명되어 그 기술이 점점 발전하면서 일일이 손으로 옮겨 적던 시대에는 생각할 수 없었던 많은 형태의 책들이 수없이 쏟아져 나왔습니다.

그러면 인간의 생각을 전달하기 위하여 서적이나 잡지를 제작·발행·판매하는 모든 행위를 무엇이라고 할까요?

정답 🌱 출판

아주 작은 것도 보여요

이것은 여러 개의 볼록 렌즈를 이용해 맨눈으로 알아
보기 힘든 것을 크게 확대하여 아주 작은 부분도 자세히
볼 수 있도록 만든 기구입니다.

이것은 접안렌즈, 경통, 대물렌즈, 클립, 재물대, 조절
나사, 반사경, 다리 등으로 이루어져 있습니다.

이 기구의 이름은 무엇일까요?

정답 🐞 현미경

어린이들에게 걸리기 쉬운 전염병

이것은 멈프스 바이러스에 의해서 발생하는 급성 전염병입니다. 흔히 '볼거리'라고 하지요. 유치원에서 초등학교에 다니는 어린이들에게 걸리기 쉽습니다.

대개 겨울에서 이른 봄에 많아 발생하며, 이 병에 감염이 되면 2~3주 동안 숨어 있다가 서서히 열이 나고 머리가 아프면서 한쪽이나 양쪽의 이하선(입 안에 있는 세 개의 침샘 중에서 가장 큰 침샘)이 붓기 시작합니다. 40도 전후로 열이 나고 부은 부분을 누르거나 움직이면 몹시 아픕니다.

열이 많이 나면 편히 쉬면서 2% 붕산수로 양치질을 해야 합니다. 그리고 머리를 차게 하고 이하선에 통증이 있으면 냉찜질을 해야 합니다.

병에 걸리면 전염의 위험이 있으므로 유치원이나 학교를 쉬게 하는 것이 좋습니다. 그러나 한 번 걸리면 평생 동안 다시는 걸리지 않습니다.

이 병의 이름은 무엇일까요?

정답 🌰 유행성 이하선염

부식이나 보조 식량으로 쓰이는 뿌리채소

이 채소는 가지과에 딸린 여러해살이 풀인데, 수량이 많고 노동력이 별로 들지 않아 재배하기가 쉽습니다. 원래 남아메리카의 칠레에서 나던 식물로서, 우리 나라에는 1824년 만주의 간도 지방을 통해 들어왔다고 합니다.

서늘한 기후에서 잘 자라기 때문에 산간 지대에서 많이 재배되며, 남부 평야에서 논벼의 앞그루로 재배되기도 합니다.

17~20%의 녹말과 약간의 당분이 들어 있는데, 녹말의 원료로도 쓰이고 여러 가지 가공 식품을 만드는 데 쓰입니다.

이 채소는 무엇인가요?

정답 💥 감자

210

옷을 짓거나 꿰매는 일

이것은 바늘에 실을 꿰어 옷을 짓거나 꿰매는 일을 말합니다.

이런 일을 하는 데 필요한 용구에는 치수를 재는 데 쓰이는 대자·줄자·곡자 등과 마름질을 하는 데 쓰이는 재단 가위·핑킹 가위·시침핀·초크 등이 있습니다.

또 바늘·실·골무·바늘꽂이 등과 다리미·옷솔·분무기 등이 쓰입니다.

이것을 무엇이라고 하나요?

정답 바느질

바느질에는 손바느질과 재봉틀 바느질이 있는데, 기본적인 손바느질에는 시침질·홈질·박음질·감침질·휘갑치기·새발뜨기·상침질·공그르기 등이 있으며, 솔기를 처리하는 방법에는 통솔·가름솔·쌈솔·곱솔 등이 있습니다.

제철에 앞서 먹을 수 있어요

채소는 흔히 밭에서 가꾸는 식물로, 우리의 식생활에 없어서는 안 될 중요한 식품입니다.

채소는 이용하는 부분에 따라 열매채소·뿌리채소·잎줄기채소로 나눌 수 있습니다.

채소는 비타민과 여러 가지 무기질 영양소가 많이 들어 있으며, 특히 섬유질은 소화와 흡수를 좋게 하는 작용을 합니다.

이와 같은 채소를 본밭에 직접 씨를 뿌려서 가꾸지 않고, 추위가 풀리기 전에 온상에서 모를 길러 비닐하우스나 온실 속에 심어 가꾸는 방법이 있습니다. 이렇게 하면 제철에 앞서 채소를 먹을 수 있으며, 또 비싼 값으로 시장에 내다 팔 수 있어 농부들에게 많은 도움이 된다고 합니다.

이처럼 비닐하우스나 온실 속에서 심어 가꾸는 방법을 무엇이라고 하나요?

정답 🌱 촉성가꾸기

가까운 바다에서 고기를 잡는 어업

　우리 나라는 삼면이 바다로 둘러싸여 있기 때문에 옛부터 어업이 발달하였습니다.

　우리 조상들은 여러 종류의 어구를 만들어 사용했고, 잡은 생선을 저장하는 방법도 다양하게 개발하였습니다.

　이 어업은 배를 타고 멀리 나가서 고기를 잡는 것이 아니라 우리 나라의 가까운 바다에서 고기를 잡는 것을 말합니다. 이것을 무슨 어업이라고 하나요?

정답 　연안어업

우리 나라에는 철강 제품을 생산하는 세계적인 공장이 있지요

이 공장은 철광석을 제련하여 선철(무쇠)을 뽑아 제강·압연해서 여러 가지 철강 제품을 생산하는 공장을 말합니다.

우리 나라에서는 주로 건식 제련법에 의해 철을 생산해 냅니다. 이런 방식은 철광석을 잘게 부수어 석회석·코크스와 함께 용광로에 넣고 높은 열을 가해 녹여 선철을 만드는 것입니다.

선철을 굳혀서 솥·농기구 등의 주물 제품을 만드는 원료로 하거나 탄소 등 불순물을 제거하여 강철을 만듭니다.

그러면 앞에서 설명했듯이 철광석을 제련하여 철강 제품을 만드는 공장을 무엇이라고 하나요?

정답 🐛 제철소

우리 나라에는 세계적인 규모와 생산 능력을 갖춘 포항 제철소와 광양 제철소 등이 있습니다.

천마도가 나온 고분

이 무덤은 경상북도 경주시 황남동 고분군에 속해 있는 제155호 고분입니다.

이 무덤 속에서 모두 1만 1,500여 점의 유물이 발견되었으며, 특히 천마도가 나와 무덤의 명칭을 그림에서 따서 지었습니다.

이 무덤의 대표적인 유물인 천마도는 말다래(말이 달릴 때 땅에서 튀어 오르는 흙 등의 이물질로 옷이 더러워지는 것을 막기 위해 안장의 양옆에 늘어뜨리는 것)를 자작나무 껍질로 만들고 그 위에 그림을 그린 것입니다.

천마도의 그림 양식은 고구려의 고분 벽화와 서로 통하는 점이 많을 뿐만 아니라 자료가 빈약한 신라의 회화를 연구하는 데 귀중한 자료가 되고 있습니다.

이 무덤의 이름은 무엇인가요?

정답 천마총

인간답게 살 권리

이 권리는 국민이 사회에서 일하며 인간답게 문화적인 생활을 할 수 있는 권리를 뜻합니다. 그러므로 국가는 국민이 문화적인 생활을 할 수 있도록 국민의 생활을 향상시키기 위한 여러 가지 사회 보장 제도를 실시해야 합니다.

여기에는 사회보장권, 직업을 가질 권리, 건강한 최저 생활을 보호받을 권리, 교육을 받을 권리, 깨끗한 환경에서 살 권리 등이 있습니다.

이 권리를 무엇이라고 하나요?

정답 🐾 생존권

우리 생활에 없어서는 안 될 필수품

이것은 프로그램에 의해서 데이터(자료)를 집어넣고 계산하여 저장하였다가 필요할 때 확인해 보고 결과를 뽑아내는 전자 장치입니다. 전자 회로를 이용하여 숫자 계산이나 논리적인 연산을 하기 때문에 전자계산기라고 불렀는데, 이제는 단순히 계산만 하는 것이 아니라 자료를 대량으로 관리하고 검색해서 문자로 찍어내는 일도 하기 때문에 전자계산기와는 다릅니다.

이것은 1946년 미국에서 진공관 1만 8천 개를 사용하여 만든 최초의 전자식 계산기 '애니악' 이후 매우 빠른 속도로 발전하였습니다. 진공관을 대신하는 트랜지스터가 나오고, 뒤를 이어 작은 전자 회로가 만들어졌습니다. 오늘날에는 고밀도 집적 회로(LSI)로 발전하여 크기는 줄고 계산 능력과 업무 처리 능력은 크게 증가하였습니다.

이것은 무엇인가요?

정답 **컴퓨터**

요즘은 대형 컴퓨터와 더불어 개인용 컴퓨터도 많이 보급되어 있는데, 탁상용 컴퓨터뿐만 아니라 들고 다닐 수 있는 노트북 컴퓨터 또한 아주 다양하게 개발되어 널리 사용되고 있습니다.

외국의 세력에 대항하고 개혁을 외친 농민 운동

이것은 1806년 조선 철종 때 우리의 고유 신앙을 바탕으로 유교·불교·도교의 사상을 융합하여 최제우라는 사람이 만든 민족 종교입니다.

이것의 근본정신은 '사람이 곧 하늘'이라는 인내천 사상으로, 신분을 초월해 모든 사람이 평등함을 내세웠습니다. 이러한 사상을 당시 양반 계급 사회에 시달리던 민중들에게 크게 환영을 받아 남부 지방의 농촌을 중심으로 하여 빠른 속도로 펴져 나갔습니다. 점차 세력이 커지자 나라에서는 세상을 어지럽히고 백성을 속이는 종교라 하여 교도들을 박해하였습니다.

그러나 지방 관리들의 부정·부패가 아주 심해지고 일본의 경제적 침략으로 농촌이 황폐해지자 전봉준 장군('녹두 장군'이라고도 하지요)를 중심으로 하여 농민 운동이 일어났습니다. 그러자 나라에서는 청과 일본에 도움을 청했고, 결국 이 운동은 실패하고 말았습니다.

그 후 천도교로 이름이 바뀌었으며, 우리 민족 고유의 종교로 성장해왔습니다. 이 종교는 무엇이라 불리었나요?

정답 동학

소를 신성하게 여기는 나라

이 나라는 남부 아시아의 히말라야 산맥 남쪽에 위치하고 있으며, 수도는 뉴델리입니다.

세계 4대 문명의 발상지 중 하나이며, 일찍이 문화적으로 크게 번성하였습니다. 그러나 오랫동안 식민지로 착취를 당하여 지금은 오히려 문화나 사회·경제적으로 뒤처져 있습니다.

지리적으로는 북쪽에 세계의 지붕이라 불리는 히말라야 산맥이 있고, 남쪽에는 데칸 고원이 있습니다.

주민의 대부분은 농업에 종사하지만, 워낙 인구가 많아 아직도 식량 부족으로 인하여 어려움을 겪고 있습니다.

종교는 힌두교를 주로 믿으며, 소를 신성한 동물로 여기고 있습니다.

최근에는 영화 산업이 활발하게 성장하고 있으며, 컴퓨터 관련 산업 또한 크게 일어나고 있습니다.

이 나라는 어느 나라인가요?

정답 🐾 인도

오늘날의 중·고교와 같은 역할을 담당했던 교육 기관

이곳은 고려·조선 시대 때 지방에 있던 중등 교육 기관입니다. 각 지방마다 나라에서 세운 국립 교육 기관으로 양반과 서민 자제들이 입학할 수 있었습니다.

이곳에는 선현의 위패를 모신 곳과 학생들이 공부하는 곳, 그리고 학생들의 기숙사가 있었습니다. 즉, 학생들의 교육뿐만 아니라 선현의 제사를 지내는 일도 담당했던 것입니다.

조선 중기 이후에는 과거를 준비하는 장소가 되었고, 서원과 더불어 오늘날의 중·고등학교와 같은 역할을 했습니다.

이곳을 무엇이라고 하나요?

정답 향교

220

나라와 나라 사이의 상행위

세계의 어떤 나라도 자기 나라에서 필요로 하는 물건을 모두 자기 나라에서 만들어 사용할 수는 없습니다. 그래서 나라와 나라 사이에 서로 물건을 사고 팔거나 교환을 하게 됩니다.

또 각 나라들은 다른 나라보다 생산비가 적게 드는 물건을 만들어 팔고, 생산비가 많이 드는 물건은 사들이기도 합니다.

그 동안 우리 나라에서는 수출이 수입보다 적었기 때문에 수출과 관련이 있는 산업에 여러 가지 혜택을 주었고, 이제는 세계에서 손꼽히는 수출 대국이 되었습니다.

이와 같이 나라와 나라 사이에 일어나는 상행위(물건을 사고 파는 행위)를 무엇이라고 하나요?

 정답 🐾 무역

새 소식을 알려주는 언론의 일종

이것은 나라 안팎에서 일어나는 모든 일 중 새롭고 중요한 내용을 추려서 빠르고 정확하며 공정하게 알려주기 위해 만들어지는 것입니다.

이것은 라디오나 텔레비전보다 더 자세히 알 수 있고 내용 파악도 쉬운 장점을 가지고 있습니다.

또 새 소식을 알려줄 뿐만 아니라 여러 분야의 교양을 높여 주기도 하고 어떤 문제에 대하여 여론도 만들며 우리들의 입과 눈의 구실을 합니다. 또 이것을 통하여 상품을 소개하는 광고도 볼 수 있습니다.

이것은 무엇인가요?

정답 🕷 신문

신문의 종류는 발행하는 기간에 따라 일간지와 주간지로, 발행 시기에 따라 조간지와 석간지로 나누며, 대상에 따라 성인지와 소년지 등으로 나눌 수 있습니다.

서민들의 금융 기관

이것은 서민 금융 회사의 하나입니다.

상호신용계·신용부금, 소액의 신용 대출 및 어음의 할인 등을 주된 업무로 하며, 서민들이 주로 이용하는 곳입니다.

이 회사는 법에 따라 일정액 이상의 자본금과 합병회사·합자회사·주식회사 등의 형태여야 하며, 재정경제부 장관의 감독을 받습니다.

이 회사를 무엇이라고 하나요?

정답 상호신용금고

웅장하고 아름다운 명산

이 산은 강원도 인제군과 양양군 사이에 위치하고 있습니다. 높이는 1,708m로 남한에서 세 번째로 높은 산입니다.

이 산은 울창한 숲과 맑은 계곡, 그리고 기암괴석과 웅장한 폭포 등이 절경을 이루며, 마등령·미시령·한계령 등의 고개가 있습니다.

희귀한 동물과 식물이 많아 천연 보호 구역(천연기념 제171호)으로 지정되어 있으며, 1982년에는 유네스코에 의해 '세계 생물권 보전 지역'으로 지정되기도 하였습니다.

이 산은 무슨 산인가요?

정답   설악산

외적의 침입을 막기 위해
부처님의 힘을 빌렸어요

고려 시대에는 불교가 크게 융성하여 나라뿐만 아니라 백성의 생활에도 많은 영향을 끼쳤습니다.

그러던 중 몽고의 침입을 받자 부처님의 힘을 빌려 막고자 하였습니다. 그래서 1236년부터 무려 16년이나 걸려 세계적으로 자랑할만한 대장경을 만들었습니다.

이 대장경판은 내용이 정확할 뿐만 아니라 여러 사람이 새긴 글씨인데도 수천만 개의 글자 하나 하나가 모두 고르고 정밀한 예술품이어서 세계 사람들을 놀라게 하고 있습니다.

이 경판을 무엇이라고 하나요?

정답 해인사 대장경판(국보 제32호)

몸을 지탱하고 중요한 부분을 보호하는 뼈

　뼈는 사람이나 동물 등의 연한 조직체가 몸을 지탱하며 모양을 유지할 수 있게 해주는 일을 합니다. 그리고 무거운 것을 들거나 운반할 수 있게 하고 몸의 중요한 부분을 보호해 줍니다.

　그러면 새장과 비슷한 모양을 하고 있으며, 그 속에 있는 폐(허파)와 심장(염통) 등의 내장을 보호해 주는 뼈는 무슨 뼈 일까요?

정답 　가슴뼈

바다 위에서 바람의 힘을 이용하여 경기를 하는 배

이것은 바람의 힘을 이용하여 물 위를 달리는 작은 돛 단배를 말합니다. 보통 한두 개의 삼각형 돛을 달았으며, 기울어져도 뒤집히지 않도록 배 밑에 '센터 보드'라는 쇠 붙이를 달고 있습니다.

돛은 바람이 부는 방향에 맞추어야하는데, 바람이 돛 에 닿으면 배를 잡아 끌려고 하는 힘이 생기므로 그 힘 을 이용하여 앞으로 나아가게 되는 것입니다.

이러한 배를 무엇이라고 하나요?

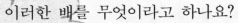

정답  요트

낭비를 억제하고 건전한 사회 기풍을 세우는 기준

이것은 가정의례에 있어서 허례허식을 없애고 그 의식 절차를 합리화함으로써 낭비를 줄이고 건전한 사회 기풍을 세우기 위해 그 기준을 정한 법령입니다.

혼례·상례·제례·회갑연 등에 관하여 규정하고 있는데, 혼례는 약혼 또는 혼인에서 신행까지, 상례는 임종에서 탈상까지, 제례는 기제·절사·연시제의 의식 절차를, 회갑연은 제60회 생일을 기념하기 위하여 행해지는 의식 절차를 말합니다.

이 법령을 무엇이라 하나요?

정답 ❀ 가정의례준칙

세상을 뒤바꾼 산업상의 대변혁

이것은 18세기 후반부터 영국에서 시작된 기술의 눈부신 진보와 공장제 공업의 출현에 의한 산업상의 대변혁을 말합니다.

증기 기관의 발명으로 인해 엄청난 기계의 개량이 이루어졌으며, 19세기 후반까지 세계의 주요 나라에서 계속하여 일어났습니다.

공업의 기계화는 섬유 공업 부문에서 시작되어 차츰 중공업 부문으로 확대되었고, 낡은 가내 공업은 사라지게 되었습니다.

이것을 무엇이라고 하나요?

정답 🐾 산업혁명

교육 · 과학 · 문화를 통한 국제간의 협력을 위한 기구

이 기구는 국제 연합의 전문 기구 가운데 하나로, 교육 · 과학 및 문화면에서의 국제간 협력을 목적으로 합니다.

제 2 차 세계대전 중에 여러 나라의 교육부 장관들이 모여 교육상의 여러 문제를 토의한 데서 비롯되어1946년 11월에 발족되었습니다.

"전쟁은 사람의 마음에서 태어나는 것이므로 사람의 마음에 평화의 성벽을 쌓아야 한다"는 말로 시작되는 이 기구 헌장은 교육 · 과학 · 문화를 통한 각국 국민의 협력을 촉진함으로써 평화와 안전에 이바지함을 추구하고 있습니다.

이 기구의 이름은 무엇일까요?

정답 🙂 유네스코
국제 연합 교육 · 과학 · 문화 기구

교향곡의 아버지

　오스트리아의 작곡가로 모차르트·베토벤과 함께 빈의 3대 고전파 작곡가 가운데 한 사람입니다.

　이 사람은 8세에 합창단에 들어갔고, 나중에는 관현악단의 단장이 되어 많은 곡을 작곡하였습니다.

　낙천적이고 온화한 성격의 그는 단원들의 존경을 받았으며, 풍부한 악상과 경험에서 얻은 깊은 생각을 작품 속에 표현하여 명쾌한 형식의 잘 갖추어진 기악곡을 만들었습니다.

　'근대 기악의 아버지' 또는 '교향곡의 아버지'라고 불리우며, 주요 작품으로는 <놀람 교향곡>·<시계 교향곡> 등 100곡 이상의 교향곡과 많은 작품을 남겼습니다.

　그는 누구인가요?

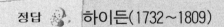

정답 🐾 하이든(1732~1809)

전통 음악에 쓰이는 장단

우리 나라의 전통 음악에 사용되는 독특한 리듬꼴을 장단이라고 합니다. 장단은 주로 장구로 연주되는데, 악곡과 악기의 편성에 따라서 악기나 연주 방법이 조금씩 달라지므로 매우 복잡합니다. 중요한 장단 중의 하나를 살펴봅니다.

이것은 보통 빠르기의 3박이며 9/8박자입니다.

아리랑·밀양 아리랑·도라지타령·진도 아리랑·방아타령 등이 이 장단입니다.

이 장단을 무엇이라고 하나요?

정답 🐸 세마치 장단

나라를 지키기 위해 세운 인조굴

경상북도 경주시 토함산 동쪽 기슭에 자리잡고 있는 인조 석굴로 신라 경덕왕 10년(751)에 김대성이 설계했습니다.

이 굴은 불국사와 함께 혜공왕 때 완성되었는데, 신라의 왕실과 백성들이 하나가 되어 나라를 지키기 위해 세웠다고 합니다.

아치형으로 돌을 쌓아 천장을 만들고 안에는 본존불을 중심으로 11개의 불상이 새겨져 있습니다.

국보 제24호로 지정하여 보호하고 있으며, 세계적으로도 유명한 석조 예술로 손꼽히고 있습니다.

이것을 무엇이라고 부르나요?

정답 ﹡. 석굴암

냄새를 맡는 기관

이것은 냄새를 맡는 기관이며, 숨을 쉴 때에는 공기의 출입구이기도 합니다.

이것에는 후각 세포가 모여 있는데, 냄새를 내는 물질의 분자가 이 후각 세포를 자극하며 신경 세포를 통해 대뇌에 전달됩니다.

그리고 이것의 속에는 작은 털이 있어서 외부에서 들어오는 먼지를 거르고 병균을 죽이며, 점액은 외부에서 들어 오는 박테리아를 죽이는 역할을 합니다.

이 신체 기관은 무엇이라 하나요?

정답  코

'발명왕'하면 떠오르는 사람

이 사람은 미국의 발명가로서 1천종이 넘는 발명 특허를 가진 발명왕입니다.

8세가 되어 초등학교에 들어갔으나 석달만에 그만 두고 어머니에게서 교육을 받았습니다.

12세 때에는 기차 안에서 신문팔이를 하며 실험실을 차려 놓고 실험을 하다가 불이 나게되어 차장한테 매를 맞기도 하였는데, 이때부터 한쪽 귀가 들리지 않게 되었습니다.

그는 역장의 아들을 구해 준 보답으로 전신 기술을 배워 전신 기사로 일하기도 하였습니다. 이때 발명가로서의 재능을 보이기 시작하여 1868년 21세 때 전기 투표기록기를 발명하여 최초의 특허를 얻었습니다.

그의 발명품으로는 백열전등·축음기·타자기·영사기 등 1300여 종이 있습니다.

'나는 발명할 돈을 벌기 위해 발명한다'라고 한 그의 말에서 발명가로서의 정신을 잘 엿볼 수 있습니다.

그는 누구인가요?

정답 에디슨

사랑하는 이에게 바치는 음악

이것은 이탈리아 어로 '저녁의 음악'이라는 뜻입니다. 보통 '소야곡'·'야곡' 등으로 번역되며, 본래 성악곡이었으나 기악곡에도 사용됩니다. 야외용으로 작곡되었으나 연주회용으로 작곡되기도 했습니다.

곡의 구성은 모음곡과 교향곡의 중간에 있으며, 5·6 악장의 것이 대부분입니다.

기악곡으로는 하이든의 <현악 4중주곡 작품 5번>, 모차르트의 <아이네 클라이네 나흐트 무지크>가 유명합니다.

이 음악을 무엇이라고 하나요?

정답  세레나데

단조의 음악

단음계는 장음계(으뜸음 : 도)와 달리 으뜸음이 '라'입니다. 즉, '라 · 시 · 도 · 레 · 미 · 파 · 솔 · 라'로 배열된 음계를 말합니다.

단음계로 만들어진 곡은 그 음계의 으뜸음(제1음 : 라)의 이름을 따서 부르는데, 이것은 '가'를 으뜸음으로 한 음계입니다. 느낌이 우울하고 슬프거나 느려서 장조와 구별됩니다. 대체로 노래는 '라 · 도 · 미'에서 시작하여 '라'로 끝나며 7음에 임시표가 붙습니다.

이것은 무슨 단조일까요?

정답  가단조

계절이 바뀔 때 걸리기 쉬운 병

이것은 급성 전염성 질환의 하나로 '독감'이나 '인플루엔자'라고도 합니다. 인플루엔자 바이러스에 의해 생기며, A·B·C의 세 가지 유형이 있습니다.

증상은 갑자기 추위를 느끼며 열이 나고 두통이 생기며, 전신 권태감·관절통·식욕 부진 등이 나타나며 코막힘·콧물·가래·기침 등이 나타납니다. 또한 높은 열이 3~4일 정도 계속됩니다.

안전을 취하고 몸을 따뜻하게 하는 것이 좋으며, 빨리 의사의 치료를 받도록 해야 합니다. 특히 어린이·노인·임산부나 원래부터 병이 있는 사람은 합병증이 생길 위험이 있으므로 주의해야 합니다.

이 병의 이름은 무엇일까요?

정답 ✿ 유행성 감기

새벽을 알리는 동물

새 무리에 속하며, 깃털이 얼굴과 다리를 제외한 온몸을 감싸고 있는데, 이것은 체온을 유지하고 외부로부터의 충격을 막아주는 역할을 합니다.

이 동물의 피부는 땀샘과 기름샘이 없어서 건조한 편이나, 꼬리의 끝 부분에 특수한 기름샘이 있어 이것을 부리로 짜서 깃에 발라 습기를 유지하고 깃털이 상하는 것을 막습니다. 비록 날개는 있지만 몸집에 비해 너무 작아서 잘 날지는 못합니다.

세계 여러 나라에서 사육되고 있으며, 그 품종은 약 100여 종이 된다고 합니다.

이 동물은 무엇인가요?

정답 닭

판 권
본 사
소 유

초등학생의 지혜와 사고력을 높여주는

달려라
퀴즈챔피언

2001년 10월 25일 인쇄
2001년 10월 30일 발행

엮은이 · 편집부
펴낸이 · 최상일
펴낸곳 · 태을출판사
주 소 · 서울특별시 강남구 도곡동 959 - 19
등 록 · 1973년 1월 10일(제 4 - 10호)

※ 잘못 만들어진 책은 구입한 곳에서 잘된 책으로 바꾸어 드립니다.
※ 주문 및 연락처 · (〒 100 - 456)
　　　　서울시 중구 신당 6 동 52 - 107(동아빌딩 내)
　　　　☎ 2237 - 5577 / FAX. 2233 - 6166

정가 : **7,000**원